쉽게 편찬된 구역 및 대학 · 청년부
G.B.S.용 교재

쉬운 요한복음 I

묵상하는사람들
프리셉트

일러두기

요한복음은 저자가 누구인지를 밝히지 않고 있습니다. 그러나 간접적으로 '그 사랑하시는 제자' 라는 말로 자신을 표현하고 있습니다. 요한복음은 '독수리' 의 복음서라 불리웁니다. 예리한 독수리의 눈처럼 본문에서는 그런 예리함이 엿보이기 때문입니다. 교회는 확실한 전승에 의해 저자가 요한이라고 말하고 있습니다. 그 이유는 문체와 사고, 그리고 기질이 모든 것이 분명 요한의 것임이 뚜렷이 엿보이기 때문입니다. 요한복음에는 공관복음에 빠져있는 많은 기사들이 기록되어 있습니다. 공관복음은 그 내용이 객관적인 성격을 띠고 있지만 요한복음은 예수님에 대한 주관적 해설이 내용입니다. 그러나 이 책은 단순하면서 심오한 책이라 할 수 있습니다.

예수님이 이 땅에 오신 까닭은 무엇인가?
이 예수님은 어디에 계시는가?

요한복음은 신앙의 초보자에게 알맞은 책이며, 또한 성숙한 그리스도인에게는 지표가 되는 최상의 책입니다. 우리는 본서를 통해 하나님의 아들인 예수 그리스도의 오심과 목적, 그리고 사역을 알게 될 것입니다.
요한복음 GBS는 I · II권으로 나뉘어져 I권은 요한복음 1-12장까지를 23과로 구성하여 "예수님의 공적 사역" 을 보여 줍니다. 그리고 II권은 요한복음 13-21장까지를 20과로 구성하여 "예수님의 개인적 사역" 을 보여 줍니다.
본서는 총 43과의 구성으로 1년동안 소그룹에서 요한복음을 연구하는데 적합하도록 구성되었습니다.

프리셉트성경연구원

차 례

I. 예수님의 공적 사역(1-12장)

다음이야기

요한복음 II (13-21장) – 예수님의 개인적 사역

요한복음 II는 예수님께서 이 땅에 오셔서 메시야로써 감당하셨던 예수님의 개인적 사역(강론하심–자기를 나타내심)을 보여 줍니다.

요한복음 개관

1. 저자

본서에서는 이 글을 쓴 저자가 누구인지를 밝히지 않고 있다. 직접적으로 그가 누구인가를 밝히지는 않지만 '그 사랑하시는 제자' 라는 말로 자신을 표현하고 있다. 그러나 많은 학자들은 이 사람이 예수님의 제자 요한이라는 것에 대해 별다른 의의를 제기하지 않는다. 본서의 기록자는 팔레스틴에 거주하는 유대인이었으며, 유대인의 절기에 대해 잘 알고 있다는 점과 예수님의 사건들을 목격자의 관점에서 기록하고 있다는 것, 그리고 예수님의 제자 중 한 사람이라는 상황들을 고려해도 이 저자가 사도 요한임을 알 수 있다.

2. 저작 연대와 장소

일반적으로 많은 학자들은 요한이 에베소에서 사역을 하던 동안부터 성경을 쓰기 시작했을 것이며, 밧모 섬에 유배 당하기 전까지 쓴 것으로 추정하고 있다. 그렇다면 대체적으로 기록 연대는 A.D. 80년에서 90년 경으로 본다.

3. 기록 목적

요한은 자신이 이 글을 기록한 목적이 무엇인지를 분명하게 밝히고 있다. "오직 이것을 기록함은 너희로 예수께서 하나님의 아들 그리스도이심을 믿게 하려 함이요 또 너희로 믿고 그 이름을 힘입어 생명을 얻게 하려 함이라"(요 20:31).

4. 중심 주제

예수 그리스도는 참 하나님이시며, 참 사람이며, 우리들을 구속하기 위해 이 땅에 오신 메시야이다.

5. 공관복음과 다른점

요한복음은 마태, 마가, 누가복음과 함께 예수님의 생애를 기록하고 있다. 그러나 공관복음에서는 예수님의 사역 장소가 갈릴리에 국한된 것에 비해 요한은 유대지역으로 포괄적인 면을 다루고 있다. 또한 다른 복음서는 주제가 하나님 나라에 관한 내용이지만 본서는 예수 그리스도 자신에 관한 메시지이며, 그리스도와 하나님과의 관계, 그리고 영생과 성령님에 관해 기록하고 있다.

6. 요일,이,삼서와 요한계시록

저자 요한은 요한복음 외에 요한일, 이, 삼서와 요한계시록을 기록하였다. 본서와 다른 기록서와의 관계를 살펴보면 다음과 같다. 요한은 하나님께서 우리를 어떻게 사랑하셨는가에 대한 주제를 요한복음에서 다루고 있다. 그는 하나님께서 우리를 사랑하셔서 독생자를 주셨다는 내용으로 그분의 사랑을 말하고 있다. 또한 요한일, 이, 삼서에서는 그러한 사랑을 받은 우리가 어떻게 살아야 할 것인가에 대해 다루고 있다. 요한은 이점에 대해 우리가 그의 사랑을 알고 그 사랑을 받았으니 우리도 남을 위해 죽는 것이 마땅하다는 말로 요약하고 있다. 공교롭게도 이 두 말씀은 각 3:16에 기록되어 있다. 그리고 요한계시록은 묵시에 관한 책으로 앞으로 그 사랑을 받은 사람들이 가서 살 하나님의 나라에 대해서 알려 주고 있다.

7. 내용 분해

◎ 예수님의 공적 사역(I권)

Ⅰ. **성육신으로 계시된 하나님의 말씀, 예수 그리스도**(1:1-2:11)

1. 표제(1:1-18)
2. 증거와 계시의 주간(1:19-2:11)

Ⅱ. **새 성전, 새 출생, 새 예배**(2:12-4:54)

1. 성전을 깨끗하게 하심(2:12-35)
2. 니고데모를 만나심(3:1-21)
3. 예수께 대한 세례 요한의 마지막 증거(3:22-36)
4. 사마리아 여인(4:1-42)
5. 왕의 신하의 아들(4:43-54)

Ⅲ. **이스라엘의 불신앙**(5:1-6:71)

1. 서론
2. 베데스다에서 만난 병자(5:1-47)
3. 오천 명을 먹이심(6:1-71)

Ⅳ. **하나님의 사도이신 예수님: 눈을 열어 보게 하시는 주, 양무리의 목자**(7:1-10:21)

1. 초막절(7:1-13)
2. 하나님의 사도이신 예수님(7:14-52)
   예수님과 간음 중에 잡힌 여인(7:52-8:11)

◎ 예수님의 개인적사역(II권)

Ⅶ. **예수께서 체포되시어 재판받으시고 십자가에 달리심**(18:1-19:37)

1. 예수님의 체포(18:1-11)
2. 대제사장 앞에서의 재판(18:12-27)
3. 빌라도 앞에서의 재판(18:28-19:16)
4. 십자가에 못 박음(19:17-37)

Ⅷ. **예수님의 장사와 부활**(19:38-20:31)

1. 예수님의 장사(19:38-42)
2. 부활 후 나타나심(20:1-29)
3. 복음서 저자의 목적(20:30, 31)

Ⅸ. **맺는말**(21:1-23)

Ⅹ. 결론(21:24, 25)

1과 생명의 빛되신 그리스도

> 하나님이신 예수님은 사람들을 구원하시기 위해 이 땅에 오셨다. 예수님 속에 생명이 있고, 그 생명의 빛이 사람들에게 비춰졌지만 사람들은 예수님을 영접하지 않았다.

본문 ▶ 요한복음 1:1-18

1태초에 말씀이 계시니라 이 말씀이 하나님과 함께 계셨으니 이 말씀은 곧 하
나님이시니라 2그가 태초에 하나님과 함께 계셨고 3만물이 그로 말미암아 지
은 바 되었으니 지은 것이 하나도 그가 없이는 된 것이 없느니라 4그 안에 생
명이 있었으니 이 생명은 사람들의 빛이라 5빛이 어두움에 비취되 어두움이
깨닫지 못하더라 6하나님께로서 보내심을 받은 사람이 났으니 이름은 요한이
라 7저가 증거하러 왔으니 곧 빛에 대하여 증거하고 모든 사람으로 자기를 인
하여 믿게 하려 함이라 8그는 이 빛이 아니요 이 빛에 대하여 증거하러 온 자
라 9참 빛 곧 세상에 와서 각 사람에게 비취는 빛이 있었나니 10그가 세상에
계셨으며 세상은 그로 말미암아 지은 바 되었으되 세상이 그를 알지 못하였
고 11자기 땅에 오매 자기 백성이 영접지 아니하였으나 12영접하는 자 곧 그
이름을 믿는 자들에게는 하나님의 자녀가 되는 권세를 주셨으니 13이는 혈통
으로나 육정으로나 사람의 뜻으로 나지 아니하고 오직 하나님께로서 난 자들
이니라 14말씀이 육신이 되어 우리 가운데 거하시매 우리가 그 영광을 보니
아버지의 독생자의 영광이요 은혜와 진리가 충만하더라 15요한이 그에 대하

여 증거하여 외쳐 가로되 내가 전에 말하기를 내 뒤에 오시는 이가 나보다 앞
선 것은 나보다 먼저 계심이니라 한 것이 이 사람을 가리킴이라 하니라 16우
리가 다 그의 충만한 데서 받으니 은혜 위에 은혜러라 17율법은 모세로 말미
암아 주신 것이요 은혜와 진리는 예수 그리스도로 말미암아 온 것이라 18본래
하나님을 본 사람이 없으되 아버지 품속에 있는 독생하신 하나님이 나타내셨
느니라

Question 풀 · 어 · 봅 · 시 · 다

1. 예수님은 누구십니까? 본문에 나타난 내용들을 정리해 보십시오.
   - 1절 –
   - 3절 –
   - 4절 –
   - 14절 –
   - 15절 –

2. 왜 사람들은 예수님을 영접하지 않았습니까?(5, 10절)

3. 세례 요한은 어떤 사람입니까?(6-8절)

4. 어떻게 하면 하나님의 자녀가 됩니까? (12-14절)

5. 하나님은 그분의 모습을 어떻게 나타내셨습니까?(18절)

Message 묵 · 상 · 하 · 기

요한복음은 예수 그리스도가 어떤 분인지를 가장 잘 설명해 주는 성경 중 하나입니다. 우리는 요한복음을 공부하면서 신앙의 기초를 튼튼히 할 뿐만 아니라 하나님을 더 깊이 알게 될 것입니다.

예수님은 참 하나님이셨습니다. 그는 천지를 창조하셨고, 영원 전부터 계신 하나님이시며, 또한 참 사람이십니다. 하나님이 사람이 되어 이 땅에 오신 것입니다. 그리고 그분에게는 생명이 있습니다. 원래 사람은 창조시에 하나님께서 주신 영원한 생명을 가지고 있었지만 그것을 죄로 인해 상실하였습니다.

예수님께서는 그 생명을 우리에게 주시기 위해 빛으로 이 땅에 오셨습니다. 예수님은 참 하나님으로서 자신이 지으신 땅과 사람에게 오셨습니다. 그러나 사람들은 그분을 영접하지 않았습니다. 자신의 죄가 드러나는 것이 두려웠으므로 예수님께 가지 않은 것입니다(3:20).

그러나 참 생명을 얻고 그리스도의 사람이 되기 위해서는 자신이 죄인임을 고백하고, 예수님을 삶의 주인으로 모셔야 합니다. 또한 그분의 가르침을 따라 살아가며, 예수님께서 우리를 구원하신다는 믿음을 소유할 때 그리스도인이 되는 것입니다.

성경은 분명하게 하나님의 자녀가 되는 방법을 알려 줍니다. 오늘날의 많은 사람들은 '조상이 예수님을 믿었다.' 라든가 '구원은 나의 노력과 선행으로 된다.' 라고 생각합니다. 그러나 구원은 하나님과 나 자신, 즉 단 둘만의 사이에서 일어나는 문제입니다. 구원의 열쇠는 예수님을 구원자로 받아들이고 살아가는 삶에 있습니다.

Sharing 나 · 눠 · 봅 · 시 · 다

1. 예수님을 영접한 사람의 삶은 어떠해야 합니까? 입술로만 고백하고 삶으로는 따르지 않는 사람이 예수님을 영접했다고 볼 수 있습니까?

2. 우리 속에 구원에 대한 잘못된 생각들(모태 신앙, 교회에서 열심히 봉사하는 것, 선한 일을 많이 하는 것 등)이 있는지 점검해 봅시다.

2과 제자를 부르심

예수님께서는 하나님의 복음을 전하는데 필요한 제자들을 부르셨다. 그리고 당시 선지자로서 백성들에게 존경을 받던 세례 요한은 자신의 임무가 무엇인지를 분명하게 알고 예수님이 어떤 분이신지를 사람들에게 설명했다.

본문 ▶ 요한복음 1:19-51

19유대인들이 예루살렘에서 제사장들과 레위인들을 요한에게 보내어 네가
누구냐 물을 때에 요한의 증거가 이러하니라 20요한이 드러내어 말하고 숨기
지 아니하니 드러내어 하는 말이 나는 그리스도가 아니라 한대 21또 묻되 그
러면 무엇, 네가 엘리야냐 가로되 나는 아니라 또 묻되 네가 그 선지자냐 대
답하되 아니라 22또 말하되 누구냐 우리를 보낸 이들에게 대답하게 하라 너는
네게 대하여 무엇이라 하느냐 23가로되 나는 선지자 이사야의 말과 같이 주의
길을 곧게 하라고 광야에서 외치는 자의 소리로라 하니라 24저희는 바리새인
들에게서 보낸 자라 25또 물어 가로되 네가 만일 그리스도도 아니요 엘리야도
아니요 그 선지자도 아닐진대 어찌하여 세례를 주느냐 26요한이 대답하되 나
는 물로 세례를 주거니와 너희 가운데 너희가 알지 못하는 한 사람이 섰으니
27곧 내 뒤에 오시는 그이라 나는 그의 신들메 풀기도 감당치 못하겠노라 하
더라 28이 일은 요한의 세례 주던 곳 요단 강 건너편 베다니에서 된 일이니라
29이튿날 요한이 예수께서 자기에게 나아오심을 보고 가로되 보라 세상 죄를
지고 가는 하나님의 어린양이로다 30내가 전에 말하기를 내 뒤에 오는 사람이

있는데 나보다 앞선 것은 그가 나보다 먼저 계심이라 한 것이 이 사람을 가리
킴이라 31나도 그를 알지 못하였으나 내가 와서 물로 세례를 주는 것은 그를
이스라엘에게 나타내려 함이라 하니라 32요한이 또 증거하여 가로되 내가 보
매 성령이 비둘기같이 하늘로서 내려와서 그의 위에 머물렀더라 33나도 그를
알지 못하였으나 나를 보내어 물로 세례를 주라 하신 그이가 나에게 말씀하
시되 성령이 내려서 누구 위에든지 머무는 것을 보거든 그가 곧 성령으로 세
례를 주는 이인 줄 알라 하셨기에 34내가 보고 그가 하나님의 아들이심을 증
거하였노라 하니라 35또 이튿날 요한이 자기 제자 중 두 사람과 함께 섰다가
36예수의 다니심을 보고 말하되 보라 하나님의 어린양이로다 37두 제자가 그
의 말을 듣고 예수를 좇거늘 38예수께서 돌이켜 그 좇는 것을 보시고 물어 가
라사대 무엇을 구하느냐 가로되 랍비여 어디 계시오니이까 하니 (랍비는 번
역하면 선생이라) 39예수께서 가라사대 와 보라 그러므로 저희가 가서 계신
데를 보고 그 날 함께 거하니 때가 제십시쯤 되었더라 40요한의 말을 듣고 예
수를 좇는 두 사람 중에 하나는 시몬 베드로의 형제 안드레라 41그가 먼저 자
기의 형제 시몬을 찾아 말하되 우리가 메시야를 만났다 하고 (메시야는 번역
하면 그리스도라) 42데리고 예수께로 오니 예수께서 보시고 가라사대 네가 요
한의 아들 시몬이니 장차 게바라 하리라 하시니라 (게바는 번역하면 베드로
라) 43이튿날 예수께서 갈릴리로 나가려 하시다가 빌립을 만나 이르시되 나를
좇으라 하시니 44빌립은 안드레와 베드로와 한 동네 벳새다 사람이라 45빌립
이 나다나엘을 찾아 이르되 모세가 율법에 기록하였고 여러 선지자가 기록한
그이를 우리가 만났으니 요셉의 아들 나사렛 예수니라 46나다나엘이 가로되
나사렛에서 무슨 선한 것이 날 수 있느냐 빌립이 가로되 와 보라 하니라 47예

수께서 나다나엘이 자기에게 오는 것을 보시고 그를 가리켜 가라사대 보라
이는 참 이스라엘 사람이라 그 속에 간사한 것이 없도다 48나다나엘이 가로
되 어떻게 나를 아시나이까 예수께서 대답하여 가라사대 빌립이 너를 부르
기 전에 네가 무화과나무 아래 있을 때에 보았노라 49나다나엘이 대답하되
랍비여 당신은 하나님의 아들이시요 당신은 이스라엘의 임금이로소이다 50
예수께서 대답하여 가라사대 내가 너를 무화과나무 아래서 보았다 하므로
믿느냐 이보다 더 큰 일을 보리라 51또 가라사대 진실로 진실로 너희에게 이
르노니 하늘이 열리고 하나님의 사자들이 인자 위에 오르락내리락하는 것을
보리라 하시니라

Question 풀 · 어 · 봅 · 시 · 다

1. 세례 요한은 누구입니까? 사람들은 그를 어떻게 이해했습니까?(19-28절)

   사람들이 이해한 세례 요한 –

   세례 요한의 설명 –

2. 세례 요한은 예수님에 대해서 어떻게 설명했습니까?(26-30절)

3. 세례 요한이 예수님을 가리켜 "세상 죄를 지고 가는 하나님의 어린양"(29절)이라고 표현한 의미는 무엇입니까? 어린양에 관해서 기록해 보십시오.

4. 요한은 예수님이 하나님의 아들이라는 것을 어떻게 알았습니까?(33-34절)

5. 제자들(요한과 안드레, 시몬, 빌립, 나다나엘)은 각각 어떻게 예수님을 찾아오게 되었습니까?(35-51절)

6. 안드레와 빌립은 예수님을 어떻게 소개했습니까?(41, 45절) 이들이 한 말의 의미는 무엇입니까?

Message 묵 · 상 · 하 · 기

세례 요한은 참으로 훌륭한 사람입니다. 그리고 그는 자신의 위치와 역할을 분명히 알고 있었던 겸손한 사람입니다. 많은 사람들은 그를 '메시야'(이스라엘을 구원하실 분)로 여겼지만 그는 자신이 왜 이 땅에 왔는지에 대한 삶의 분명한 소명을 갖고 있었습니다. 그의 사명은 그리스도의 길을 예비하는 것이었습니다. 요한의 사명이 처음 이 땅에 오신 주님의 길을 준비하는 것이었다면, 우리의 사명은 예수님의 재림을 위해 복음을 전파하며 그분의 길을 준비하는 것입니다.

요한도 처음에는 예수님을 알지 못했습니다. 그러나 요한이 예수님을 알고 그분을 바로 모실 수 있었던 것은 바로 성령님 때문이었습니다. 요한은 성령이 머물러 계신 것을 보고 그분이 하나님의 아들이시며 구원자라는 사실을 알았습니다.

예수님을 믿는 것과 성령님을 모시고 산다는 것은 같은 말입니다. 예수님을 영접하는 자에게 하나님께서는 그 마음에 성령님을 모시고 살 수 있도록 보내 주십니다. 그러면 성령님께서는 예수님이 어떤 분이신지 더 잘 알게 해 주십니다. 그래서 하나님을 더 깊이 알아가게 됩니다. 하나님의 일을 더 능력 있게 하거나 예수님을 더 깊이, 그리고 정확하게 알아가는 것은 성령 하나님께서 하시는 일입니다. 그래서 예수님은 성령 충만을 위해서 기도하라고 하셨습니다. 성령님을 사모하며 구하라고 하셨습니다. 그분이 우리의 삶을 지배할 때 우리는 예수님이 누구신지 세례 요한처럼 알게 됩니다. 그분은 참 하나님이시며, 참 사람이시고 죄인이었던 우리를 구원하셔서 천국으로 인도하시기 위해 오신 구원자이십니다.

Sharing 나 · 눠 · 봅 · 시 · 다

1. 처음 예수님을 따른 제자들은 예수님을 어떻게 소개했습니까? 우리는 예수님을 누구에게 소개하고 어떻게 소개해야 합니까? 함께 나눠 봅시다.

2. 성령 하나님을 모시고 사는 사람들의 삶은 어떨까요? 성령님과 예수님을 알아가는 것과 삶의 문제를 본문에 기초하여 나눠 보십시오. 그리고 자신의 삶을 기도로 결단해 봅시다.

3과 가나 혼인 잔치와 성전 청결

예수님께서는 가나 혼인 잔치에 참석하셔서 물로 포도주를 만드시고, 명절에는 예루살렘 성전에서 장사하는 사람들을 내보내셨다.

본문 ▶ 요한복음 2:1-25

1사흘 되던 날에 갈릴리 가나에 혼인이 있어 예수의 어머니도 거기 계시고 2
예수와 그 제자들도 혼인에 청함을 받았더니 3포도주가 모자란지라 예수의
어머니가 예수에게 이르되 저희에게 포도주가 없다 하니 4예수께서 가라사대
여자여 나와 무슨 상관이 있나이까 내 때가 아직 이르지 못하였나이다 5그 어
머니가 하인들에게 이르되 너희에게 무슨 말씀을 하시든지 그대로 하라 하니
라 6거기 유대인의 결례를 따라 두 세 통 드는 돌항아리 여섯이 놓였는지라 7
예수께서 저희에게 이르시되 항아리에 물을 채우라 하신즉 아구까지 채우니
8이제는 떠서 연회장에게 갖다 주라 하시매 갖다 주었더니 9연회장은 물로 된
포도주를 맛보고 어디서 났는지 알지 못하되 물 떠온 하인들은 알더라 연회
장이 신랑을 불러 10말하되 사람마다 먼저 좋은 포도주를 내고 취한 후에 낮
은 것을 내거늘 그대는 지금까지 좋은 포도주를 두었도다 하니라 11예수께서
이 처음 표적을 갈릴리 가나에서 행하여 그 영광을 나타내시매 제자들이 그
를 믿으니라 12그 후에 예수께서 그 어머니와 형제들과 제자들과 함께 가버나
움으로 내려가 거기 여러 날 계시지 아니하시니라 13유대인의 유월절이 가까
운지라 예수께서 예루살렘으로 올라가셨더니 14성전 안에서 소와 양과 비둘

기 파는 사람들과 돈 바꾸는 사람들의 앉은 것을 보시고 15노끈으로 채찍을
만드사 양이나 소를 다 성전에서 내어쫓으시고 돈 바꾸는 사람들의 돈을 쏟
으시며 상을 엎으시고 16비둘기 파는 사람들에게 이르시되 이것을 여기서 가
져가라 내 아버지의 집으로 장사하는 집을 만들지 말라 하시니 17제자들이 성
경 말씀에 주의 전을 사모하는 열심이 나를 삼키리라 한 것을 기억하더라 18
이에 유대인들이 대답하여 예수께 말하기를 네가 이런 일을 행하니 무슨 표
적을 우리에게 보이겠느뇨 19예수께서 대답하여 가라사대 너희가 이 성전을
헐라 내가 사흘 동안에 일으키리라 20유대인들이 가로되 이 성전은 사십육 년
동안에 지었거늘 네가 삼 일 동안에 일으키겠느뇨 하더라 21그러나 예수는 성
전된 자기 육체를 가리켜 말씀하신 것이라 22죽은 자 가운데서 살아나신 후에
야 제자들이 이 말씀하신 것을 기억하고 성경과 및 예수의 하신 말씀을 믿었
더라 23유월절에 예수께서 예루살렘에 계시니 많은 사람이 그 행하시는 표적
을 보고 그 이름을 믿었으나 24예수는 그 몸을 저희에게 의탁지 아니하셨으니
이는 친히 모든 사람을 아심이요 25또 친히 사람의 속에 있는 것을 아시므로
사람에 대하여 아무의 증거도 받으실 필요가 없음이니라

Question 풀·어·봅·시·다

1. 잔치와 포도주는 어떤 관계가 있습니까?

2. 예수님께서 말씀하신 때는 어떤 때입니까?(묵상하기 참조)

3. 예수님께서 물로 포도주를 만드신 사건의 의미를 묵상하고 기록하십시오.(묵상하기 참조)

4. 예수님께서 성전에서 하신 일은 무엇입니까?(14-16절) 성전의 고유 기능은 무엇입니까?

5. 예수님께서는 성전을 어떻게 표현하셨습니까?(16절)

6. 예수님께서 사흘 만에 성전을 일으키겠다고 하신 말씀의 뜻은 무엇입니까?(20-21절) 그렇다면 참 성전은 무엇입니까?

•

7. 예수님은 지지하는 자들을 통해 인정받는 것을 거부하셨습니다. 그 이유는 무엇입니까?(24-25절)

Message 묵 · 상 · 하 · 기

예수님의 첫 기적은 혼인 잔치에서 시작되었습니다. 예수님은 포도주가 떨어져 망칠 수 있는 잔치를 더욱더 풍성하게 해 주셨습니다. 요한은 이 사건을 가리켜 처음 표적(이적 혹은 징조)이라 말합니다. 이 표적은 의미와 목적을 내포한 사건이었습니다.

이스라엘 백성들의 묵시 문학에는 메시야가 오심으로 포도주가 풍성히 넘칠 것이라는 예언들이 있습니다(욜 3:18; 암 9:13). 그리고 성경에서의 잔치는 하나님 나라의 도래와 천국 잔치를 상징하거나 비유되는 경우가 많습니다. 이 사건을 통해 예수님께서는 구원자로서의 새로운 시대를 여셨습니다. 그러나 예수님께서 자신의 때를 말씀하신 것은 구원을 이루시기 위해 고난 받으실 때를 말씀하신 것입니다.

예수님께서 마리아에게 '여자여'(4절)라고 부르신 표현은 존경과 애정이 담긴 호칭입니다. 그러나 어머니에게는 잘 사용하지 않는 말로, 예수님의 공생애 사역의 시작을 암시하는 표현이기도 합니다. 또한 이 사건은 예수님께서 구원자로 오셔서 하나님 나라의 잔치를 여신다는 암시적인 사건이라 할 수 있습니다.

성전을 깨끗케 하신 일도 매우 중요한 사건입니다. 사람들은 자기중심적으로 유익과 필요를 위해 하나님을 섬깁니다. 이들은 하나님의 성전과 하나님 섬기는 일을 장사하는 것과 먹고 사는 문제의 수단으로 이용하였습니다. 예수님은 이러한 잘못된 관행을 고치셨습니다. 성전은 하나님께 예배하고 하나님께 나아가는 곳입니다. 그렇다면 참된 성전은 하나님께로 바로 나가게 하는 예수님이십니다. 사람들은 건물을 중시하지만 예수님은 영혼을 중시하셨고, 하나님을 바로 알고 예수님을 모심으로써 그분께로 가는 길을 여는 것이 중요함을 알려 주신 것입니다.

Sharing 나 · 눠 · 봅 · 시 · 다

1. 삶의 축제가 계속 되어지기 위해서는 무엇을 구해야 합니까? 예수님께서 우리의 삶을 풍성케 하신 예들을 나눠 봅시다.

2. 참된 성전으로서 성도 자신과 한국교회가 회복해야 할 부분은 무엇입니까? 특히 개인의 신앙 초점에 맞추어 나눠 봅시다.

4과 하나님 나라에 들어가려면

예수님께서는 니고데모에게 주님께서 왜 이 땅에 오셨는지, 그리고 하나님 나라로 가는 방법이 무엇인지를 분명하게 알려 주셨다. 구원은 믿음으로 예수님을 영접하며 성령을 모시고 새롭게 살 때 얻어지는 것이다.

본문 ▶ 요한복음 3:1-21

1바리새인 중에 니고데모라 하는 사람이 있으니 유대인의 관원이라 2그가 밤
에 예수께 와서 가로되 랍비여 우리가 당신은 하나님께로서 오신 선생인 줄
아나이다 하나님이 함께하시지 아니하시면 당신의 행하시는 이 표적을 아무
라도 할 수 없음이니이다 3예수께서 대답하여 가라사대 진실로 진실로 네게
이르노니 사람이 거듭나지 아니하면 하나님 나라를 볼 수 없느니라 4니고데
모가 가로되 사람이 늙으면 어떻게 날 수 있삽나이까 두 번째 모태에 들어갔
다가 날 수 있삽나이까 5예수께서 대답하시되 진실로 진실로 네게 이르노니
사람이 물과 성령으로 나지 아니하면 하나님 나라에 들어갈 수 없느니라 6육
으로 난 것은 육이요 성령으로 난 것은 영이니 7내가 네게 거듭나야 하겠다
하는 말을 기이히 여기지 말라 8바람이 임의로 불매 네가 그 소리를 들어도
어디서 오며 어디로 가는지 알지 못하나니 성령으로 난 사람은 다 이러하니
라 9니고데모가 대답하여 가로되 어찌 이러한 일이 있을 수 있나이까 10예수
께서 가라사대 너는 이스라엘의 선생으로서 이러한 일을 알지 못하느냐 11진
실로 진실로 네게 이르노니 우리 아는 것을 말하고 본 것을 증거하노라 그러

나 너희가 우리 증거를 받지 아니하는도다 12내가 땅의 일을 말하여도 너희가
믿지 아니하거든 하물며 하늘 일을 말하면 어떻게 믿겠느냐 13하늘에서 내려
온 자 곧 인자 외에는 하늘에 올라간 자가 없느니라 14모세가 광야에서 뱀을
든 것같이 인자도 들려야 하리니 15이는 저를 믿는 자마다 영생을 얻게 하려
하심이니라 16하나님이 세상을 이처럼 사랑하사 독생자를 주셨으니 이는 저
를 믿는 자마다 멸망치 않고 영생을 얻게 하려 하심이니라 17하나님이 그 아
들을 세상에 보내신 것은 세상을 심판하려 하심이 아니요 저로 말미암아 세
상이 구원을 받게 하려 하심이라 18저를 믿는 자는 심판을 받지 아니하는 것
이요 믿지 아니하는 자는 하나님의 독생자의 이름을 믿지 아니하므로 벌써
심판을 받은 것이니라 19그 정죄는 이것이니 곧 빛이 세상에 왔으되 사람들이
자기 행위가 악하므로 빛보다 어두움을 더 사랑한 것이니라 20악을 행하는 자
마다 빛을 미워하여 빛으로 오지 아니하나니 이는 그 행위가 드러날까 함이
요 21진리를 좇는 자는 빛으로 오나니 이는 그 행위가 하나님 안에서 행한 것
임을 나타내려 함이라 하시니라

Question 풀·어·봅·시·다

1. 니고데모는 누구입니까? 니고데모에 관한 기록들을 통해 그의 위치를 살펴보십시오.(1, 10절)

2. 니고데모가 예수님을 찾아간 이유는 무엇입니까? 그는 무엇을 확인하고 싶어했습니까?(2절)

3. 하나님 나라로 들어가는 방법은 무엇입니까? (5, 16절)

4. '거듭난다' 는 말의 의미는 무엇입니까?(5, 8절)

5. 14절에서 말한 '모세가 광야에서 뱀을 든 사건' (민 21장)의 내용은 무엇이며, 예수님은 왜 이 예를 드셨습니까?(14-15절)

6. 뱀에 물린 사람들이 낫게 된 사건은 합리적인 문제입니까, 아니면 하나님을 신뢰하는 믿음의 문제입니까? 이것은 예수님을 믿고 구원받는 것과 어떤 연관이 있습니까?

7. 예수님께서 이 땅에 오신 목적은 무엇입니까?(16-17절) 그런데 왜 사람들은 심판을 받게 됩니까?(18절)

8. 사람들이 예수님께로 나오지 않는 이유는 무엇입니까?(19-21절)

Message 묵 · 상 · 하 · 기

니고데모는 선생이며, 관원이고 바리새인이었습니다. 그는 율법을 해석하는 산헤드린 공회원이었으며, 신앙적으로도 흠 없이 살고자 한 학문과 덕을 겸비한 사람이었습니다. 그는 누구보다도 성경에 대해 많이 알고 있었습니다. 그리고 예수님에 대해서도 진지한 입장으로 접근하였고, 하나님에 대해서도 알고 싶어했습니다. 그러나 영적이지 않았기에 하나님 나라로 가는 길을 알지 못했습니다.

'거듭난다' 는 것은 하나님 안에서 영적으로 새롭게 태어나는 것을 말합니다. 우리는 물과 성령으로 다시 태어나야 합니다. 왜냐하면 물은 회개를 상징하는 세례와 말씀으로 해석되기 때문입니다. 거듭난다는 것은 자신의 죄를 회개하고 말씀과 성령을 따라 사는 삶을 말합니다. 그리스도인들은 예수님의 가르침과 그분의 지배를 받아 살기 때문에 세상과는 다르게 살아갑니다.

우리가 구원을 받기 위해서는 우리의 죄 값을 그 누군가가 대신해서 치뤄야만 했습니다. 그 죄 값을 하나님의 아들이신 예수님이 대신 지셨습니다. 모세가 광야에서 뱀을 달아 든 것으로 이스라엘 백성들이 치료받은 사건(민 21장)은 예수님의 구원을 예시한 것입니다.

예수님께서 이 땅에 오신 목적은 우리의 구원과 행복을 위해서입니다. 그러나 사람들은 자기의 죄를 포기하지 않고 어둠을 더 사랑함으로써 그 기회를 포기하고 예수님께로 가지 않았습니다. 예수님께로 가는 길은 먼저 자신의 죄를 고백하고, 자신의 삶을 포기하여 그분께 맡기는 것입니다.

거듭남의 비밀과 예수님을 깊이 알아가는 기쁨은 성령을 소유한 사람만이 알고 누릴 수 있습니다.

Sharing 나 · 눠 · 봅 · 시 · 다

1. 말씀을 열심히 배우고 아는 것과 성령님의 통치를 받는 방법에 대해 나눠 봅시다.

2. 예수님을 따르는 것이 버겁게 느껴질 때의 영적 상태를 생각해 보고, 여전히 어둠을 사랑하고 있다면 예수님께로 나아가는 바른 방법들에 대해 나눠 봅시다.

5과 증거자 세례 요한과 예수 그리스도

본문은 세례 요한이 옥에서 순교하기 얼마 전에 했던 그의 최후 증언으로 이제 주의 길을 예비하는 자로서의 세례 요한의 사역이 끝나고 본격적인 예수 시대의 개막을 암시하는 부분이다.

본문 ▶ 요한복음 3:22-36

22이후에 예수께서 제자들과 유대 땅으로 가서 거기 함께 유하시며 세례를 주
시더라 23요한도 살렘 가까운 애논에서 세례를 주니 거기 물들이 많음이라 사
람들이 와서 세례를 받더라 24요한이 아직 옥에 갇히지 아니하였더라 25이에
요한의 제자 중에서 한 유대인으로 더불어 결례에 대하여 변론이 되었더니 26
저희가 요한에게 와서 가로되 랍비여 선생님과 함께 요단 강 저편에 있던 자
곧 선생님이 증거하시던 자가 세례를 주매 사람이 다 그에게로 가더이다 27요
한이 대답하여 가로되 만일 하늘에서 주신 바 아니면 사람이 아무것도 받을
수 없느니라 28나의 말한 바 나는 그리스도가 아니요 그의 앞에 보내심을 받
은 자라고 한 것을 증거할 자는 너희니라 29신부를 취하는 자는 신랑이나 서
서 신랑의 음성을 듣는 친구가 크게 기뻐하나니 나는 이러한 기쁨이 충만하
였노라 30그는 흥하여야 하겠고 나는 쇠하여야 하리라 하니라 31위로부터 오
시는 이는 만물 위에 계시고 땅에서 난 이는 땅에 속하여 땅에 속한 것을 말
하느니라 하늘로서 오시는 이는 만물 위에 계시나니 32그가 그 보고 들은 것
을 증거하되 그의 증거를 받는 이가 없도다

33그의 증거를 받는 이는 하나님을 참되시다 하여 인쳤느니라 34하나님의 보
내신 이는 하나님의 말씀을 하나니 이는 하나님이 성령을 한량없이 주심이니
라 35아버지께서 아들을 사랑하사 만물을 다 그 손에 주셨으니 36아들을 믿는
자는 영생이 있고 아들을 순종치 아니하는 자는 영생을 보지 못하고 도리어
하나님의 진노가 그 위에 머물러 있느니라

Question 풀 · 어 · 봅 · 시 · 다

1. 예수님과 세례 요한이 세례를 주던 각각의 장소는 어디입니까?(22-23절) 또한 이때가 언제인지 기록해 보십시오.(24절)

2. 세례 요한에게 결례에 대하여 논쟁을 벌인 사람은 누구입니까?(25절) 그리고 그 까닭은 무엇입니까?(26절)

3. 세례 요한은 자기 자신의 신분을 그리스도가 아닌 앞서 보냄을 받은 자라고 말하며, 이를 증거할 자가 누구라고 말합니까?(28절)

4. 29절에서는 성도를 신부에 비유하고 신랑을 그리스도에 비유합니다. 그렇다면 세례 요한은 누구에 비유되고 있습니까?(29절)

5. 31-36절에 나타난 예수 그리스도의 사역에 대해 분석적인 목록을 작성해 보십시오.

Message 묵 · 상 · 하 · 기

본문은 예수와 세례 요한이 가까운 장소에서 세례를 주는 장면을 묘사하고 있습니다. 세례 요한을 따르던 무리 중의 몇 명이 예수님의 세례에 대해 이의를 제기합니다. 이들은 세례의 우선권을 내세워 세례에 대한 정통성을 논하고자 했습니다. 아마도 이들은 세례 요한이 베푸는 세례의 의미를 곡해했던 것 같습니다. 요한의 세례는 메시야의 오심을 선포하고 새 시대의 도래를 선포하는 의식이었지 유대인들이 생각하고 있던 전통적인 정결 의식이 아니었습니다. 여기서 세례 요한은 예수 그리스도를 신랑으로, 자신은 그 신랑의 친구에 비유함으로써

(29절) 새롭게 도래하는 예수 시대의 특징을 잘 드러내고 있습니다.

특히 여기에서는 메시야의 도래를 알리는 선포자로서 세례 요한의 태도가 주목됩니다. 그는 자신의 임무를 직시하고 예수 그리스도와 경쟁 관계가 아닌 겸손한 순종의 자세로 일관합니다. 이러한 요한의 태도는 우리에게 진정한 섬김의 자세와 삶의 자세가 무엇인지를 보여 줍니다. 우리의 삶 속에 예수 그리스도가 높아지고 내가 낮아지더라도 궁극적인 우리의 추구점은 예수 그리스도가 되어야 합니다.

31-36절은 앞 단락의 미약한 부분들을 보강해 주는 구절입니다. 앞 부분이 세례 요한의 임무를 중점적으로 설명했다면, 여기서는 책을 기록하고 있는 사도 요한이 하나님의 아들이신 그리스도를 주제로 이를 해설하고 소개합니다. 더욱이 여기에서는 하나님의 아들이신 예수 그리스도를 거역하면 어떠한 종말을 맞게 되는지를 경고하고 있습니다. 예수 그리스도가 하나님의 아들이심을 믿느냐, 믿지 않느냐는 종국에 인간의 운명을 좌우하게 될 것입니다. 당신은 그리스도께 순종하는 삶을 살고 있습니까? 그렇지 못한 삶은 하나님의 진노를 자청하는 삶이라는 것을 기억하시기 바랍니다.

Sharing 나 · 눠 · 봅 · 시 · 다

1. 세례 요한은 자신의 제자들이 예수 그리스도에 대해 질시와 명예와 권위로 유혹하는 것을 어떻게 물리쳤습니까? 이러한 경우에 처한다면 어떻게 해야 할지 함께 나눠 봅시다.

2. 세례 요한의 겸손의 출처를 살펴보고, 우리의 삶 속에서 그리스도를 높이기 위해 행할 경건은 무엇인지 나눠 봅시다.

6과 생명수 되신 예수 그리스도

예수님께서는 소외된 땅을 직접 찾아가셔서 그곳에 진정한 자유를 주신다. 그리고 영원히 목마르지 않는 생명수를 공급해 주는 예수님 자신을 소개하신다.

본문 ▶ 요한복음 4:1-42

1예수의 제자를 삼고 세례를 주는 것이 요한보다 많다 하는 말을 바리새인들
이 들은 줄을 주께서 아신지라 2(예수께서 친히 세례를 주신 것이 아니요 제
자들이 준 것이라) 3유대를 떠나사 다시 갈릴리로 가실새 4사마리아로 통행하
여야 하겠는지라 5사마리아에 있는 수가라 하는 동네에 이르시니 야곱이 그
아들 요셉에게 준 땅이 가깝고 6거기 또 야곱의 우물이 있더라 예수께서 행로
에 곤하여 우물 곁에 그대로 앉으시니 때가 제육시쯤 되었더라 7사마리아 여
자 하나가 물을 길러 왔으매 예수께서 물을 좀 달라 하시니 8이는 제자들이
먹을 것을 사러 동네에 들어갔음이러라 9사마리아 여자가 가로되 당신은 유
대인으로서 어찌하여 사마리아 여자 나에게 물을 달라 하나이까 하니 이는
유대인이 사마리아인과 상종치 아니함이러라 10예수께서 대답하여 가라사대
네가 만일 하나님의 선물과 또 네게 물 좀 달라 하는 이가 누구인 줄 알았더
면 네가 그에게 구하였을 것이요 그가 생수를 네게 주었으리라 11여자가 가로
되 주여 물 길을 그릇도 없고 이 우물은 깊은데 어디서 이 생수를 얻겠삽나이
까 12우리 조상 야곱이 이 우물을 우리에게 주었고 또 여기서 자기와 자기 아

들들과 짐승이 다 먹었으니 당신이 야곱보다 더 크니이까 13예수께서 대답하
여 가라사대 이 물을 먹는 자마다 다시 목마르려니와 14내가 주는 물을 먹는
자는 영원히 목마르지 아니하리니 나의 주는 물은 그 속에서 영생하도록 솟
아나는 샘물이 되리라 15여자가 가로되 주여 이런 물을 내게 주사 목마르지도
않고 또 여기 물 길러 오지도 않게 하옵소서 16가라사대 가서 네 남편을 불러
오라 17여자가 대답하여 가로되 나는 남편이 없나이다 예수께서 가라사대 네
가 남편이 없다 하는 말이 옳도다 18네가 남편 다섯이 있었으나 지금 있는 자
는 네 남편이 아니니 네 말이 참되도다 19여자가 가로되 주여 내가 보니 선지
자로소이다 20우리 조상들은 이 산에서 예배하였는데 당신들의 말은 예배할
곳이 예루살렘에 있다 하더이다 21예수께서 가라사대 여자여 내 말을 믿으라
이 산에서도 말고 예루살렘에서도 말고 너희가 아버지께 예배할 때가 이르리
라 22너희는 알지 못하는 것을 예배하고 우리는 아는 것을 예배하노니 이는
구원이 유대인에게서 남이니라 23아버지께 참으로 예배하는 자들은 신령과
진정으로 예배할 때가 오나니 곧 이때라 아버지께서는 이렇게 자기에게 예배
하는 자들을 찾으시느니라 24하나님은 영이시니 예배하는 자가 신령과 진정
으로 예배할지니라 25여자가 가로되 메시야 곧 그리스도라 하는 이가 오실 줄
을 내가 아노니 그가 오시면 모든 것을 우리에게 고하시리이다 26예수께서 이
르시되 네게 말하는 내가 그로라 하시니라 27이때에 제자들이 돌아와서 예수
께서 여자와 말씀하시는 것을 이상히 여겼으나 무엇을 구하시나이까 어찌하
여 저와 말씀하시나이까 묻는 이가 없더라 28여자가 물동이를 버려 두고 동네
에 들어가서 사람들에게 이르되 29나의 행한 모든 일을 내게 말한 사람을 와

보라 이는 그리스도가 아니냐 하니 30저희가 동네에서 나와 예수께로 오더라
31그 사이에 제자들이 청하여 가로되 랍비여 잡수소서 32가라사대 내게는 너
희가 알지 못하는 먹을 양식이 있느니라 33제자들이 서로 말하되 누가 잡수실
것을 갖다 드렸는가 한대 34예수께서 이르시되 나의 양식은 나를 보내신 이의
뜻을 행하며 그의 일을 온전히 이루는 이것이니라 35너희가 넉 달이 지나야
추수할 때가 이르겠다 하지 아니하느냐 내가 너희에게 이르노니 눈을 들어
밭을 보라 희어져 추수하게 되었도다 36거두는 자가 이미 삯도 받고 영생에
이르는 열매를 모으나니 이는 뿌리는 자와 거두는 자가 함께 즐거워하게 하
려 함이니라 37그런즉 한 사람이 심고 다른 사람이 거둔다 하는 말이 옳도다
38내가 너희로 노력지 아니한 것을 거두러 보내었노니 다른 사람들은 노력하
였고 너희는 그들의 노력한 것에 참예하였느니라 39여자의 말이 그가 나의 행
한 모든 것을 내게 말하였다 증거하므로 그 동네 중에 많은 사마리아인이 예
수를 믿는지라 40사마리아인들이 예수께 와서 자기들과 함께 유하기를 청하
니 거기서 이틀을 유하시매 41예수의 말씀을 인하여 믿는 자가 더욱 많아 42그
여자에게 말하되 이제 우리가 믿는 것은 네 말을 인함이 아니니 이는 우리가
친히 듣고 그가 참으로 세상의 구주신 줄 앎이니라 하였더라

Question 풀·어·봅·시·다

1. 예수님께서 유대 지역의 사역을 마치고 갈릴리 지역으로 가기 위해 지나가신 곳은 어떤 지역입니까?(3-4절)

2. 사마리아 수가라하는 동네에 이르신 예수님은 누구를 만나 대화하시게 됩니까? 이 때의 시간은 언제이며, 제자들은 어디에 있었습니까?(6-8절)

3. 여인에게 물을 요구하시던 예수님은 영생히 솟아나는 샘물을 여인에게 약속하십니다. 이에 대한 여인의 반응은 어떻습니까?(13-15절) 이 태도를 보며 여인의 심정을 헤아려 봅시다.

4. 예수님과 여인의 대화를 미루어 볼 때 이 여인의 남편은 과거에 몇 명이나 되었습니까?(18절) 이 여인은 자신의 과거를 알고 있는 예수 그리스도를 누구라고 생각합니까?(19절)

5. 하나님께 참으로 예배하는 자의 태도에 대하여 기술해 보십시오. 하나님이 찾으시는 자들은 어떤 자들입니까?(23-24절)

6. 예수님을 만난 여인은 어떠한 행동을 취합니까?(28-29절)

7. 이 여인의 증거로 사마리아 지역에는 어떤 결과가 일어나게 되었습니까? (39-42절)

Message 묵 · 상 · 하 · 기

오늘 본문의 사건은 예수님께서 초기 유대 사역을 마치고 제1차 갈릴리 사역을 위해 예루살렘을 떠나 갈릴리로 가시던 도중에 발생한 사건입니다. 사마리아는 당시 모든 사람들로부터 외면의 대상이 되었던 곳이지만 예수님은 의도적으로 이 땅을 방문하셨습니다. 개같이 취급받던 사마리아 땅을 찾아가시고, 사마리아인 중에서도 행실이 부정한 여인과 대화하심으로 새 시대의 진리는 인종과 빈부와 귀천에 관계없이 주어진다는 사실을 밝히고 계십니다. 이와 같은 진리의 개방으로 유대인들의 위선적인 정결의식 때문에 소외를 받아야 했던 많은 사람들이 생명수를 마시게 됩니다. 또한 예수님 당시에 논쟁이 되었던 예배의 장소에 대해 교훈하시며, 하나님은 영이시기에 물질적인 대상이나 추상적인 관념으로 제한되지 않음을 밝히십니다(21-24절). 즉 신령과 진정으로 예배하는 것이 예배의 본질임을 보여 주신 것입니다.

예수님께서는 무리를 대상으로 전도하기도 하셨으나 개인 전도를 하신 경우도 많았습니다. 복음을 받아들인 사마리아 여인의 태도는 매우 모범적으로 그녀는 복음을 듣고 깨달은 즉시 그것을 전도로 연결시켰습니다.

예수님이 의도적으로 사마리아에 방문하신 것에 비하면 단 이틀 동안의 체류 기간은 조금 부족하다는 생각이 듭니다. 그러나 구원이란 그리스도와 개인적인 만남이 없이는 결코 얻어질 수 없으며, 구원에는 대리자가 있을 수 없음을 우리에게 잘 보여 주고 계십니다. 더욱이 3장에서는 가장 지체 높은 니고데모에게 구원의 도가 전해진 것에 이어서, 4장에서는 가장 천대받던 백성들이 예수님을 구원자로 고백하는 장면이 서로 연결되고 있습니다.

성육신 하신 예수 그리스도는 모든 이의 구속주가 되시며, 우리의 영원히 목마르지 않는 생명수가 되심을 말해 주고 있습니다.

Sharing 나 · 눠 · 봅 · 시 · 다

1. 예수님은 비루한 한 여인을 찾아가 영생을 선물로 주셨습니다. 예수님이 나를 찾아오신 시점을 기억하고 나눠 봅시다.

2. 예수님은 복음을 필요로 하는 곳이라면 어디라도 찾아가시고 증거 하셨습니다. 이렇게 기다리지 않고 찾아가시는 예수님의 모습을 통해 내가 지금 찾아가야 할 곳이 있다면 그곳이 어딘지 함께 나눠 보고 기도합시다.

7과 신하의 아들을 고치신 예수님

사마리아를 떠나 갈릴리에 오신 예수님은 이곳에서 믿음 좋은 왕의 신하의 아들 병을 고치며 자신을 제시하신다.

본문 ▶ 요한복음 4:43-54

43이틀이 지나매 예수께서 거기를 떠나 갈릴리로 가시며 44친히 증거하시기
를 선지자가 고향에서는 높임을 받지 못한다 하시고 45갈릴리에 이르시매 갈
릴리인들이 그를 영접하니 이는 자기들도 명절에 갔다가 예수께서 명절 중
예루살렘에서 하신 모든 일을 보았음이더라 46예수께서 다시 갈릴리 가나에
이르시니 전에 물로 포도주를 만드신 곳이라 왕의 신하가 있어 그 아들이 가
버나움에서 병들었더니 47그가 예수께서 유대로부터 갈릴리에 오심을 듣고
가서 청하되 내려오셔서 내 아들의 병을 고쳐 주소서 하니 저가 거의 죽게 되
었음이라 48예수께서 가라사대 너희는 표적과 기사를 보지 못하면 도무지 믿
지 아니하리라 49신하가 가로되 주여 내 아이가 죽기 전에 내려오소서 50예수
께서 가라사대 가라 네 아들이 살았다 하신대 그 사람이 예수의 하신 말씀을
믿고 가더니 51내려가는 길에서 그 종들이 오다가 만나서 아이가 살았다 하거
늘 52그 낫기 시작한 때를 물은즉 어제 제칠시에 열기가 떨어졌나이다 하는지
라 53아비가 예수께서 네 아들이 살았다 말씀하신 그때인 줄 알고 자기와 그
온 집이 다 믿으니라 54이것은 예수께서 유대에서 갈릴리로 오신 후 행하신
두 번째 표적이니라

Question 풀 · 어 · 봅 · 시 · 다

1. 예수님은 사마리아에서 어느 정도의 기간을 체류하셨으며, 그곳을 떠나 어디로 가셨습니까?(43절)

2. 예수 그리스도를 영접하는 자들은 어떤 사건을 계기로 영접하게 되었다고 기록하고 있습니까?(45절)

3. 갈릴리 가나는 어떤 곳입니까? 예수님께 찾아온 왕의 신하의 아들은 어디에서 병들어 있었습니까?(46절)

4. 예수님의 선포를 믿고 내려가던 신하는 누구를 만나 자기 아들의 소식을 듣습니까? 또한 그 결과는 어떠했습니까?(51절)

5. 신하의 아들이 낫기 시작한 때는 언제입니까?(52절)

6. 이 일의 결과로 왕의 신하의 가정에는 어떤 변화가 일어났습니까?(53절)

7. 이 기적은 유대에 오신 후 예수 그리스도께서 행하신 몇 번째 기적입니까?(54절)

Message 묵 · 상 · 하 · 기

이 기사는 예수 그리스도의 두 번째 기적인 동시에 본격적인 갈릴리 사역의 개막을 알리는 사건입니다. 한편 예수 그리스도가 사마리아에서 고향인 나사렛으로 가지 않고 갈릴리 지역으로 돌아오신 것은 선지자가 고향에서는 대우를 받지 못하기 때문이었다고 말합니다. 이것은 갈릴리 사람들이 호의적으로 받아들인 경우와는 매우 대조를 이룹니다.

단지 보이는 것만을 믿으려 하는 것이 세상적인 논리입니다. 그러나 우리는 영적으로 깨어 예수 그리스도를 믿을 때에 놀라운 기적을 맛보게 됩니다. 오늘 본문에 나타난 신하의 믿음은 마태복음에 등장하는 백부장의 믿음처럼 그리스도의 말씀을 확실히 믿었다는 데에 큰 의의가 있습니다.

왕의 신하는 포기하거나 실망하지 않고 자기 자신을 낮추며 어떠한 방법을 통해서라도 예수님께서 주시는 응답을 받으려고 노력하였습니다. 그는 예수님께서 직접 자신의 집에 오셔서 아들에게 손을 대셔야만 나을 수 있다는 믿음을 초월하여 예수님이 제시하시는 방법과 말씀에 전적으로 순종합니다. 이 순종은 기적을 낳았습니다. 아이를 살리는 기적뿐만 아니라 온 집안이 믿게 되는 놀라운 기적도 경험하게 됩니다.

한편, 이는 예수 그리스도가 인간의 생명을 구원하는 생명의 주님이심과 권능의 주님이심을 동시에 보여 줍니다. 또한 이 부분은 예수님께서 삶을 향하여 표적과 기사를 보지 못하면 믿지 않을 것이라고 책망하기도 했지만(48절), 기적이 때로는 복음 전도의 유용한 수단이 될 수 있다는 것을 확인 시켜주고 있습니다.

이렇게 예수 그리스도의 권능, 말씀의 권능에는 시공을 초월하는 능력이 있습니다. 또한 세상의 모든 사물은 그 변화와 생사가 말씀 아래놓여 있습니다. 주님은 이 시간에도 그의 말씀으로 전 우주를 통치하고 계십니다.

Sharing 나 · 눠 · 봅 · 시 · 다

1. 초보적인 신앙을 버리고 보다 성숙된 말씀 중심의 신앙을 갖기 위해서는 어떠한 태도가 필요한 지 함께 나눠 봅시다.

2. 주님은 그의 권능을 드러내실 때 우리의 믿음을 요구하십니다. 기적을 일으키는 믿음은 어떠한 믿음인지 본문을 중심으로 찾아보고 우리의 결단을 나눠 봅시다.

8과 네 자리를 들고 걸어가라

예수님은 베데스다 연못가에서 삼십팔 년 된 병자를 고치신다. 그리고 이로 인해 시작된 안식일의 논쟁에서 자신이 안식일의 참 주인되심과 하나님과 동등됨을 계시하시며 자신을 증거하신다.

본문 ▶ 요한복음 5:1-47

1그 후에 유대인의 명절이 있어 예수께서 예루살렘에 올라가시니라 2예루살
렘에 있는 양문 곁에 히브리 말로 베데스다라 하는 못이 있는데 거기 행각 다
섯이 있고 3그 안에 많은 병자, 소경, 절뚝발이, 혈기 마른 자들이 누워 (물의
동함을 기다리니 4이는 천사가 가끔 못에 내려와 물을 동하게 하는데 동한 후
에 먼저 들어가는 자는 어떤 병에 걸렸든지 낫게 됨이러라) 5거기 삼십팔 년
된 병자가 있더라 6예수께서 그 누운 것을 보시고 병이 벌써 오랜 줄 아시고
이르시되 네가 낫고자 하느냐 7병자가 대답하되 주여 물이 동할 때에 나를 못
에 넣어 줄 사람이 없어 내가 가는 동안에 다른 사람이 먼저 내려가나이다 8
예수께서 가라사대 일어나 네 자리를 들고 걸어가라 하시니 9그 사람이 곧 나
아서 자리를 들고 걸어가니라 이 날은 안식일이니 10유대인들이 병 나은 사람
에게 이르되 안식일인데 네가 자리를 들고 가는 것이 옳지 아니하니라 11대답
하되 나를 낫게 한 그가 자리를 들고 걸어가라 하더라 한대 12저희가 묻되 너
더러 자리를 들고 걸어가라 한 사람이 누구냐 하되 13고침을 받은 사람이 그
가 누구신지 알지 못하니 이는 거기 사람이 많으므로 예수께서 이미 피하셨

음이라 14그 후에 예수께서 성전에서 그 사람을 만나 이르시되 보라 네가 나
았으니 더 심한 것이 생기지 않게 다시는 죄를 범치 말라 하시니 15그 사람이
유대인들에게 가서 자기를 고친 이는 예수라 하니라 16그러므로 안식일에 이
러한 일을 행하신다 하여 유대인들이 예수를 핍박하게 된지라 17예수께서 저
희에게 이르시되 내 아버지께서 이제까지 일하시니 나도 일한다 하시매 18유
대인들이 이를 인하여 더욱 예수를 죽이고자 하니 이는 안식일만 범할 뿐 아
니라 하나님을 자기의 친아버지라 하여 자기를 하나님과 동등으로 삼으심이
러라 19그러므로 예수께서 저희에게 이르시되 내가 진실로 진실로 너희에게
이르노니 아들이 아버지의 하시는 일을 보지 않고는 아무것도 스스로 할 수
없나니 아버지께서 행하시는 그것을 아들도 그와 같이 행하느니라 20아버지
께서 아들을 사랑하사 자기의 행하시는 것을 다 아들에게 보이시고 또 그보
다 더 큰 일을 보이사 너희로 기이히 여기게 하시리라 21아버지께서 죽은 자
들을 일으켜 살리심같이 아들도 자기의 원하는 자들을 살리느니라 22아버지
께서 아무도 심판하지 아니하시고 심판을 다 아들에게 맡기셨으니 23이는 모
든 사람으로 아버지를 공경하는 것같이 아들을 공경하게 하려 하심이라 아들
을 공경치 아니하는 자는 그를 보내신 아버지를 공경치 아니하느니라 24내가
진실로 진실로 너희에게 이르노니 내 말을 듣고 또 나 보내신 이를 믿는 자는
영생을 얻었고 심판에 이르지 아니하나니 사망에서 생명으로 옮겼느니라 25
진실로 진실로 너희에게 이르노니 죽은 자들이 하나님의 아들의 음성을 들을
때가 오나니 곧 이때라 듣는 자는 살아나리라 26아버지께서 자기 속에 생명이
있음같이 아들에게도 생명을 주어 그 속에 있게 하셨고 27또 인자됨을 인하여

심판하는 권세를 주셨느니라 28이를 기이히 여기지 말라 무덤 속에 있는 자가
다 그의 음성을 들을 때가 오나니 29선한 일을 행한 자는 생명의 부활로, 악한
일을 행한 자는 심판의 부활로 나오리라 30내가 아무것도 스스로 할 수 없노
라 듣는 대로 심판하노니 나는 나의 원대로 하려 하지 않고 나를 보내신 이의
원대로 하려는 고로 내 심판은 의로우니라 31내가 만일 나를 위하여 증거하면
내 증거는 참되지 아니하되 32나를 위하여 증거하시는 이가 따로 있으니 나를
위하여 증거하시는 그 증거가 참인 줄 아노라 33너희가 요한에게 사람을 보내
매 요한이 진리에 대하여 증거하였느니라 34그러나 나는 사람에게서 증거를
취하지 아니하노라 다만 이 말을 하는 것은 너희로 구원을 얻게 하려 함이니
라 35요한은 켜서 비취는 등불이라 너희가 일시 그 빛에 즐거이 있기를 원하
였거니와 36내게는 요한의 증거보다 더 큰 증거가 있으니 아버지께서 내게 주
사 이루게 하시는 역사 곧 나의 하는 그 역사가 아버지께서 나를 보내신 것을
나를 위하여 증거하는 것이요 37또한 나를 보내신 아버지께서 친히 나를 위하
여 증거하셨느니라 너희는 아무 때에도 그 음성을 듣지 못하였고 그 형용을
보지 못하였으며 38그 말씀이 너희 속에 거하지 아니하니 이는 그의 보내신
자를 믿지 아니함이니라 39너희가 성경에서 영생을 얻는 줄 생각하고 성경을
상고하거니와 이 성경이 곧 내게 대하여 증거하는 것이로다 40그러나 너희가
영생을 얻기 위하여 내게 오기를 원하지 아니하는도다 41나는 사람에게 영광
을 취하지 아니하노라 42다만 하나님을 사랑하는 것이 너희 속에 없음을 알았
노라 43나는 내 아버지의 이름으로 왔으매 너희가 영접지 아니하나 만일 다른
사람이 자기 이름으로 오면 영접하리라 44너희가 서로 영광을 취하고 유일하
신 하나님께로부터 오는 영광은 구하지 아니하니 어찌 나를 믿을 수 있느냐
45내가 너희를 아버지께 고소할까 생각지 말라 너희를 고소하는 이가 있으니
곧 너희의 바라는 자 모세니라 46모세를 믿었더면 또 나를 믿었으리니 이는
그가 내게 대하여 기록하였음이라 47그러나 그의 글도 믿지 아니하거든 어찌
내 말을 믿겠느냐 하시니라

Question 풀 · 어 · 봅 · 시 · 다

1. 베데스다의 연못이 위치한 곳은 어디이며, 예수님이 이곳을 찾은 때는 언제입니까?(1-2절)

2. 이 베데스다는 어떠한 연고로 많은 병자들이 모였으며, 예수님이 이곳에서 병이 오래된 줄 알고 대화를 시작한 사람은 누구입니까?(4-7절)

3. 예수님께서 삼십팔 년 된 병자를 고치신 때는 언제입니까?(9절)

4. 이 삼십팔 년된 병자를 고치신 일로 예수님은 유대인들에게 어떤 일을 당하게 됩니까?(16절) 예수님을 죽이려는 죄목은 무엇입니까?(18절)

5. 선한 일을 행한 자와 악한 일을 행한 자가 각기 받게 될 심판은 무엇입니까?(29절)

6. 예수님께서는 성경이 영생을 위해 주어진 책이 아니라 무엇에 대해 기록된 책이라고 증거하십니까?(39절)

7. 예수님은 믿지 못하는 유대인들을 향하여 그들을 고소할 사람이 있다고 말씀하시면서 자신이 아닌 구약에서 등장하는 인물을 이야기하십니다. 그는 누구입니까?(45-47절)

Message 묵 · 상 · 하 · 기

갈릴리 가나에서 신하의 아들을 고치신 지 수개월이 지난 후 예루살렘의 베데스다 연못가에서 행해진 삼십팔 년된 병자의 치유 사건은 요한복음에 기록된 일곱 개의 표적 중 그 세 번째 표적입니다.

본문은 예수님께서 안식일에 삼십팔 년 된 병자를 고치심으로 유대인들과 예수님 사이에 벌어진 안식일에 관한 논쟁을 기록하고 있습니다. 이는 하나님과 깊은 영적 교제를 통해 영 · 육이 치유함을 받고 참 안식을 누려야 하는 안식일에 도리어 형식적인 율법주의에 얽매여 안식은 커녕 도리어 고통 속에 거하는 유대인들의 어리석음을 지적한 것입니다. 이와 동시에 주님은 이처럼 율법주의의 굴레에 얽매인 자들을 자유케 하기 위해 오신 참 그리스도이심을 보여 주십니다.

예수님께서는 당신이 하나님과 동등하신 분으로 자신의 사역 또한 신적 권위를 가지며 신적 능력에 의해 행하는 것임을 말씀하십니다(19-21절). 그리고 당신에게는 성부 하나님께로부터 부여받은 인류에 대한 심판의 권세가 있으며, 따라서 세상 끝날에 당신의 구속 사역을 믿는 자는 생명의 부활로, 그렇지 않는 자는 심판의 부활로 전 인류가 당신 앞에 서게 될 것을 말씀하십니다. 이로써 예수님께서는 당신의 구속 사역에 대한 믿음을 강력히 촉구하고 있습니다.

이제 후반부에서 예수님은 세례 요한의 증거, 성부 하나님의 증거, 구약성경의 증거로 확실하고 권위 있는 세 증거가 주어졌음에도 불구하고 영생을 얻기 위해 주님께 나오는 것을 거부하는 자들의 어리석음을 지적하십니다(40절). 또 그러한 그들의 불신에 대해 경고하면서(45절) 그들이 주님을 믿지 않는 것은 결국 그들이 신봉하는 모세 율법의 증거도 진정으로 믿지 않는 것임을 지적하십니다(46-47절). 그들이 예수 그리스도의 구속의 복음을 참 구원의 진리라고 믿지 못한 것은 확실한 증거가 없어서가 아닙니다. 그들의 완악함 때문이었습니다. 그것은 오늘날의 현대인들에게도 동일하게 적용됩니다.

Sharing 나 · 눠 · 봅 · 시 · 다

1. "일어나 네 자리를 들고 걸어가라"(8절)는 주님의 명령은 우리에게도 필요합니다. 우리의 절망적인 상황은 무엇입니까? 서로 나누고 기도합시다.

2. 진정한 안식일의 정신이 무엇인지 살피고, 안식일에 행할 일들이 무엇인지 나눠 봅시다.

9과 생명의 떡이신 예수 그리스도

예수님께서는 오병이어의 기적과 물위를 걷는 기적을 보이시며 이 기적의 영적인 의미를 거론하신다. 예수님께서는 우리 생명의 주 되시며 자기 자신이 하늘에서 내려온 생명의 떡임을 증거하신다.

본문 ▶ 요한복음 6:1-51

1그 후에 예수께서 갈릴리 바다 곧 디베랴 바다 건너편으로 가시매 2큰 무리
가 따르니 이는 병인들에게 행하시는 표적을 봄이러라 3예수께서 산에 오르
사 제자들과 함께 거기 앉으시니 4마침 유대인의 명절인 유월절이 가까운지
라 5예수께서 눈을 들어 큰 무리가 자기에게로 오는 것을 보시고 빌립에게 이
르시되 우리가 어디서 떡을 사서 이 사람들로 먹게 하겠느냐 하시니 6이렇게
말씀하심은 친히 어떻게 하실 것을 아시고 빌립을 시험코자 하심이라 7빌립
이 대답하되 각 사람으로 조금씩 받게 할지라도 이백 데나리온의 떡이 부족
하리이다 8제자 중 하나 곧 시몬 베드로의 형제 안드레가 예수께 여짜오되 9
여기 한 아이가 있어 보리떡 다섯 개와 물고기 두 마리를 가졌나이다 그러나
그것이 이 많은 사람에게 얼마나 되겠삽나이까 10예수께서 가라사대 이 사람
들로 앉게 하라 하신대 그곳에 잔디가 많은지라 사람들이 앉으니 수효가 오
천쯤 되더라 11예수께서 떡을 가져 축사하신 후에 앉은 자들에게 나눠 주시고
고기도 그렇게 저희의 원대로 주시다 12저희가 배부른 후에 예수께서 제자들
에게 이르시되 남은 조각을 거두고 버리는 것이 없게 하라 하시므로 13이에

거두니 보리떡 다섯 개로 먹고 남은 조각이 열두 바구니에 찼더라 14그 사람
들이 예수의 행하신 이 표적을 보고 말하되 이는 참으로 세상에 오실 그 선지
자라 하더라 15그러므로 예수께서 저희가 와서 자기를 억지로 잡아 임금 삼으
려는 줄을 아시고 다시 혼자 산으로 떠나가시니라 16저물매 제자들이 바다에
내려가서 17배를 타고 바다를 건너 가버나움으로 가는데 이미 어두웠고 예수
는 아직 저희에게 오시지 아니하셨더니 18큰 바람이 불어 파도가 일어나더라
19제자들이 노를 저어 십여 리쯤 가다가 예수께서 바다 위로 걸어 배에 가까
이 오심을 보고 두려워하거늘 20가라사대 내니 두려워 말라 하신대 21이에 기
뻐서 배로 영접하니 배는 곧 저희의 가려던 땅에 이르렀더라 22이튿날 바다
건너편에 섰는 무리가 배 한 척밖에 다른 배가 거기 없는 것과 또 어제 예수께
서 제자들과 함께 그 배에 오르지 아니하시고 제자들만 가는 것을 보았더니
23(그러나 디베랴에서 배들이 주의 축사하신 후 여럿이 떡 먹던 그곳에 가까
이 왔더라) 24무리가 거기 예수도 없으시고 제자들도 없음을 보고 곧 배들을
타고 예수를 찾으러 가버나움으로 가서 25바다 건너편에서 만나 랍비여 어느
때에 여기 오셨나이까 하니 26예수께서 대답하여 가라사대 내가 진실로 진실
로 너희에게 이르노니 너희가 나를 찾는 것은 표적을 본 까닭이 아니요 떡을
먹고 배부른 까닭이로다 27썩는 양식을 위하여 일하지 말고 영생하도록 있는
양식을 위하여 하라 이 양식은 인자가 너희에게 주리니 인자는 아버지 하나
님의 인치신 자니라 28저희가 묻되 우리가 어떻게 하여야 하나님의 일을 하오
리이까 29예수께서 대답하여 가라사대 하나님의 보내신 자를 믿는 것이 하나
님의 일이니라 하시니 30저희가 묻되 그러면 우리로 보고 당신을 믿게 행하시

는 표적이 무엇이니이까 하시는 일이 무엇이니이까 31기록된 바 하늘에서 저
희에게 떡을 주어 먹게 하였다 함과 같이 우리 조상들은 광야에서 만나를 먹
었나이다 32예수께서 이르시되 내가 진실로 진실로 너희에게 이르노니 하늘
에서 내린 떡은 모세가 준 것이 아니라 오직 내 아버지가 하늘에서 내린 참 떡
을 너희에게 주시나니 33하나님의 떡은 하늘에서 내려 세상에게 생명을 주는
것이니라 34저희가 가로되 주여 이 떡을 항상 우리에게 주소서 35예수께서 가
라사대 내가 곧 생명의 떡이니 내게 오는 자는 결코 주리지 아니할 터이요 나
를 믿는 자는 영원히 목마르지 아니하리라 36그러나 내가 너희더러 이르기를
너희는 나를 보고도 믿지 아니하는도다 하였느니라 37아버지께서 내게 주시
는 자는 다 내게로 올 것이요 내게 오는 자는 내가 결코 내어쫓지 아니하리라
38내가 하늘로서 내려온 것은 내 뜻을 행하려 함이 아니요 39나를 보내신 이의
뜻을 행하려 함이니라 나를 보내신 이의 뜻은 내게 주신 자 중에 내가 하나도
잃어버리지 아니하고 마지막 날에 다시 살리는 이것이니라 40내 아버지의 뜻
은 아들을 보고 믿는 자마다 영생을 얻는 이것이니 마지막 날에 내가 이를 다
시 살리리라 하시니라 41자기가 하늘로서 내려온 떡이라 하시므로 유대인들
이 예수께 대하여 수군거려 42가로되 이는 요셉의 아들 예수가 아니냐 그 부
모를 우리가 아는데 제가 지금 어찌하여 하늘로서 내려왔다 하느냐 43예수께
서 대답하여 가라사대 너희는 서로 수군거리지 말라 44나를 보내신 아버지께
서 이끌지 아니하면 아무라도 내게 올 수 없으니 오는 그를 내가 마지막 날에
다시 살리리라 45선지자의 글에 저희가 다 하나님의 가르치심을 받으리라 기
록되었은즉 아버지께 듣고 배운 사람마다 내게로 오느니라 46이는 아버지를
본 자가 있다는 것이 아니라 오직 하나님에게서 온 자만 아버지를 보았느니
라 47진실로 진실로 너희에게 이르노니 믿는 자는 영생을 가졌나니 48내가 곧
생명의 떡이로다 49너희 조상들은 광야에서 만나를 먹었어도 죽었거니와 50
이는 하늘로서 내려오는 떡이니 사람으로 하여금 먹고 죽지 아니하게 하는
것이니라 51나는 하늘로서 내려온 산 떡이니 사람이 이 떡을 먹으면 영생하리
라 나의 줄 떡은 곧 세상의 생명을 위한 내 살이로라 하시니라

Question 풀 · 어 · 봅 · 시 · 다

1. 본문의 배경이 되고 있는 장소는 어느 곳입니까?(1, 23절)

2. 한 아이가 보리떡 다섯 개와 물고기 두 마리를 가지고 있음을 예수님께 보고한 제자는 누구입니까?(8-9절) 이곳에 모인 사람은 얼마나 되었습니까?(10절)

3. 예수님께서는 기적을 베푸신 후에 남은 조각을 거두고 버리는 것이 없도록 하라고 명하셨습니다. 거둔 것은 얼마나 되었습니까?(11-13절)

4. 오병이어의 기적을 본 군중들은 예수님을 누구라고 하였습니까?(14절) 이들의 의도를 아신 예수님은 어떻게 하십니까?(15절)

5. 예수님께서는 군중이 자기를 따르는 까닭이 표적을 본 까닭이 아닌, 떡을 먹고 배부른 까닭이라고 말씀하십니다.(26절) 그러고는 무엇을 위해 일하라고 말씀하십니까?(27절)

6. 하늘에서 내린 생명의 떡을 요구하는 군중들에게 예수님은 무엇이 생명의 떡이라고 말씀하십니까?(35절) 이 말씀을 들은 유대인들은 어떠한 반응을 보입니까?(41-42절)

Message 묵 · 상 · 하 · 기

본문은 요한복음에 기록된 네 번째 표적인 오병이어의 기적(1-15절)에 대한 기록입니다. 이 기적에서 주목해야 할 것은 예수님께서 자기에게로 나아오는 자는 단지 육적인 풍요함이 아니라 영적인 생명의 풍요함이 있음을 보여 주시기 위해 행하신 표적이라는 것입니다.

현세적이고 일시적인 만족을 위해서가 아니라 영원한 생명의 양식을 얻기 위해 그분께 나아가는 자만이 참된 축복을 누릴 수 있습니다.

16-21절에 짤막하게 등장하는 '물위를 걸어오신 예수님'의 기적은 예수님께서 그리스도이시며 하나님의 아들이심을 증거하는 요한복음의 7대 표적 중 다섯 번째 표적입니다. 예수님의 초자연적인 능력과 그분을 의지하는 자들만이 이 세상의 불의와 죄로 인한 풍랑 속에서

참 생명의 구원을 얻을 수 있음을 상징적으로 보여 주는 표적입니다. 요한복음은 이 사건에 대해 많은 정보를 제공하지는 않으나 예수님의 초자연적인 능력과 제자들에 대한 사랑이 잘 나타나 있는 사건이라 할 수 있습니다.

22-51절에서는 전날 오병이어의 기적을 체험했던 자들이 예수님을 찾아온 것을 계기로 예수님께서 그들에게 구약 시대 광야에서 이스라엘 조상들이 먹었던 만나와 자신을 비교하시며 자신이 곧 하늘에서 내려온 만나인 "생명의 떡"(35절)임을 교훈한 사실을 기록합니다. 만나와 그리스도는 다같이 하나님이 주신 하늘에서 내려온 것이라는 공통점을 가지나 그 질과 효과에 있어서는 완전한 대조를 이룹니다.

우리는 예수님께서 택하신 죄인들에게 베푸시는 구속의 효과가 확실하며, 그로 인해 주어지는 생명은 영원하고 풍성한 것임을 깨닫습니다. 우리는 그분을 생명의 떡으로 받아들일 때 비로소 그분의 구속을 맛보게 될 것입니다.

Sharing 나 · 눠 · 봅 · 시 · 다

1. 오병이어의 기적에 대해 군중들은 육신적인 안목을 가지고 예수님께 접근하였습니다. 오늘날의 우리도 육신적인 안락을 도모하기 위해 예수님을 하나의 수단으로 전락시키고 있지는 않은지 나눠 봅시다.

2. 우리의 영적 상태는 어떠합니까? 예수님께로부터 날마다 생명의 양식을 어떻게 공급받고 있는지 나눠 봅시다.

10과 너희도 가려느냐?

예수님께서는 수난에 대한 말씀을 이해하지 못한 군중들과 이에 동요하여 물러가려고 한 열두 제자들을 보시고 다음과 같이 질문하신다. "너희도 가려느냐"(67절).

본문 ▶ 요한복음 6:52-71

52이러므로 유대인들이 서로 다투어 가로되 이 사람이 어찌 능히 제 살을 우
리에게 주어 먹게 하겠느냐 53예수께서 이르시되 내가 진실로 진실로 너희에
게 이르노니 인자의 살을 먹지 아니하고 인자의 피를 마시지 아니하면 너희
속에 생명이 없느니라 54내 살을 먹고 내 피를 마시는 자는 영생을 가졌고 마
지막 날에 내가 그를 다시 살리리니 55내 살은 참된 양식이요 내 피는 참된 음
료로다 56내 살을 먹고 내 피를 마시는 자는 내 안에 거하고 나도 그 안에 거
하나니 57살아 계신 아버지께서 나를 보내시매 내가 아버지로 인하여 사는 것
같이 나를 먹는 그 사람도 나를 인하여 살리라 58이것은 하늘로서 내려온 떡
이니 조상들이 먹고도 죽은 그것과 같지 아니하여 이 떡을 먹는 자는 영원히
살리라 59이 말씀은 예수께서 가버나움 회당에서 가르치실 때에 하셨느니라
60제자 중 여럿이 듣고 말하되 이 말씀은 어렵도다 누가 들을 수 있느냐 한대
61예수께서 스스로 제자들이 이 말씀에 대하여 수군거리는 줄 아시고 가라사
대 이 말이 너희에게 걸림이 되느냐 62그러면 너희가 인자의 이전 있던 곳으
로 올라가는 것을 볼 것 같으면 어찌 하려느냐 63살리는 것은 영이니 육은 무
익하니라 내가 너희에게 이른 말이 영이요 생명이라 64그러나 너희 중에 믿지

아니하는 자들이 있느니라 하시니 이는 예수께서 믿지 아니하는 자들이 누구
며 자기를 팔 자가 누군지 처음부터 아심이러라 65또 가라사대 이러하므로 전
에 너희에게 말하기를 내 아버지께서 오게 하여 주지 아니하시면 누구든지
내게 올 수 없다 하였노라 하시니라 66이러므로 제자 중에 많이 물러가고 다
시 그와 함께 다니지 아니하더라 67예수께서 열두 제자에게 이르시되 너희도
가려느냐 68시몬 베드로가 대답하되 주여 영생의 말씀이 계시매 우리가 뉘게
로 가오리이까 69우리가 주는 하나님의 거룩하신 자신 줄 믿고 알았삽나이다
70예수께서 대답하시되 내가 너희 열둘을 택하지 아니하였느냐 그러나 너희
중에 한 사람은 마귀니라 하시니 71이 말씀은 가룟 시몬의 아들 유다를 가리
키심이라 저는 열둘 중의 하나로 예수를 팔 자러라

Question 풀 · 어 · 봅 · 시 · 다

1. 유대인들은 예수님이 자신을 가리켜 생명의 떡이라고 하실 때 어떠한 반응을 보였습니까?(52절) 이러한 유대인들을 향해 예수님은 어떻게 권면하십니까?(53절)

2. 53-58절에 나타난 예수 그리스도의 살과 피에 대한 분석적인 목록을 작성해 보십시오.

절	예수 그리스도의 살	예수 그리스도의 피
53절	먹지 아니하면 생명이 없음	마시지 아니하면 생명이 없음
54절		
55절		
56절		
57절		
58절		

3. 말씀을 듣는 제자들의 반응을 어떻게 기록하고 있습니까?(60-61절) 또한 이에 대한 예수님의 반응은 어떠합니까?(61-63절)

4. "너희 중에 믿지 아니하는 자들이 있느니라"(64절)는 말씀은 예수님께서 어떠한 사실을 염두에 두고 하신 말씀입니까?(64절)

5. 예수님의 이러한 태도에 제자들의 반응은 어떠했습니까?(66절) 이에 예수님은 열두 제자들에게 어떻게 물으십니까?(67절)

6. "영생의 말씀이 계시매 우리가 뉘게로 가오리이까"(68절)는 누구의 대답입니까?

Message 묵 · 상 · 하 · 기

오늘 본문 중 52-59절에서는 예수님이 장차 십자가 수난으로 자신의 살을 찢으시고 피를 흘리시사 자기를 믿는 자들에게 참 생명의 떡으로 주실 것을 교훈하고 있습니다. 그러나 아직도 군중들은 이 말씀의 뜻이 무엇인지 전혀 이해하지 못했습니다. 특히 여기서 예수님은 자신을 화목 제물로 바치는 유월절(Passover)의 어린양으로 표현하셨습니다.

속죄물로 바쳐진 예수 그리스도를 믿지 않고서는 참 구원을 얻을 수가 없습니다.

60-65절은 자신을 생명의 떡으로 주겠다는 주님의 말씀을 잘 이해하지 못하고 수군거리는 제자들에게 다시 십자가 수난 후 자신의 부활과 승천에 대해 예언하신 사실을 기록하고 있습니다.

여기에 언급된 제자들은 열두 제자들이 아니라(마 16:5-17) 예수님을 추종하던 열심 있는 무리를 말합니다. 그러나 영적 소경인 그들에게 말씀이 쉽게 이해될 수는 없었습니다. 예수님의 말씀은 자기의 기준에 의해 평가되는 것이 아니라 말씀 그대로에 수용되어 자신이 변화되어야 하지만 그들은 이를 이루지 못했습니다. 한편, 64절을 살펴보면 가룟 유다와 그의 몇몇 동료들도 예수님의 말씀을 듣고 있었음을 알 수 있습니다.

66-71절은 오병이어 사건을 계기로 한 생명의 떡에 관한 교훈의 결론 부분으로 베드로의 위대한 신앙 고백과 구속 사역의 성취 과정 중 하나인 가룟 유다의 배반에 관한 예수님의 예언을 기록하고 있습니다. 여기서 베드로와 가룟 유다의 대비는 예수님을 참 그리스도로 고백하는 자와 불신자의 대비로 나타나는데 이는 그리스도에 대한 올바른 신앙 자세가 무엇인가를 우리에게 교훈합니다. “너희도 가려느냐?”(67

절)는 예수님의 질문에 말씀 그대로 믿는 베드로의 신앙 모습은 우리에게 본보기가 되어 줍니다.

Sharing 나 · 눠 · 봅 · 시 · 다

1. 우리의 한정된 이성으로 이해할 수 없는 내용이 나오면 우리는 어떤 태도를 취해야 할까요? 함께 나눠 봅시다.

2. 유익의 유무(有無)에 따라 예수님을 떠났던 경험은 없는지 나눠 봅시다. 그리고 새로운 마음으로 예수님을 섬길 것을 마음속으로 결단해 봅시다.

11과 내게로 와서 마셔라

유대인의 3대 명절 중의 하나인 초막절을 중심으로 전개되는 본문은 예수님과 종교 지도자들 사이의 갈등과 영적 가뭄을 해갈해 줄 '생수의 강' 으로 자신을 계시하시는 예수님의 선포를 보여 주고 있다.

본문 ▶ 요한복음 7:1-53

1이 후에 예수께서 갈릴리에서 다니시고 유대에서 다니려 아니하심은 유대인
들이 죽이려 함이러라 2유대인의 명절인 초막절이 가까운지라 3그 형제들이
예수께 이르되 당신의 행하는 일을 제자들도 보게 여기를 떠나 유대로 가소
서 4스스로 나타나기를 구하면서 묻혀서 일하는 사람이 없나니 이 일을 행하
려 하거든 자신을 세상에 나타내소서 하니 5이는 그 형제들이라도 예수를 믿
지 아니함이러라 6예수께서 가라사대 내 때는 아직 이르지 아니하였거니와
너희 때는 늘 준비되어 있느니라 7세상이 너희를 미워하지 못하되 나를 미워
하나니 이는 내가 세상의 행사를 악하다 증거함이라 8너희는 명절에 올라가
라 나는 내 때가 아직 차지 못하였으니 이 명절에 아직 올라가지 아니하노라
9이 말씀을 하시고 갈릴리에 머물러 계시니라 10그 형제들이 명절에 올라간
후 자기도 올라가시되 나타내지 않고 비밀히 하시니라 11명절 중에 유대인들
이 예수를 찾으면서 그가 어디 있느냐 하고 12예수께 대하여 무리 중에서 수
군거림이 많아 혹은 좋은 사람이라 하며 혹은 아니라 무리를 미혹하게 한다
하나 13그러나 유대인들을 두려워하므로 드러나게 그를 말하는 자가 없더라

14이미 명절의 중간이 되어 예수께서 성전에 올라가사 가르치시니 15유대인
들이 기이히 여겨 가로되 이 사람은 배우지 아니하였거늘 어떻게 글을 아느
냐 하니 16예수께서 대답하여 가라사대 내 교훈은 내 것이 아니요 나를 보내
신 이의 것이니라 17사람이 하나님의 뜻을 행하려 하면 이 교훈이 하나님께로
서 왔는지 내가 스스로 말함인지 알리라 18스스로 말하는 자는 자기 영광만
구하되 보내신 이의 영광을 구하는 자는 참되니 그 속에 불의가 없느니라 19
모세가 너희에게 율법을 주지 아니하였느냐 너희 중에 율법을 지키는 자가
없도다 너희가 어찌하여 나를 죽이려 하느냐 20무리가 대답하되 당신은 귀신
이 들렸도다 누가 당신을 죽이려 하나이까 21예수께서 대답하여 가라사대 내
가 한 가지 일을 행하매 너희가 다 이를 인하여 괴이히 여기는도다 22모세가
너희에게 할례를 주었으니 (그러나 할례는 모세에게서 난 것이 아니요 조상
들에게서 난 것이라) 그러므로 너희가 안식일에도 사람에게 할례를 주느니라
23모세의 율법을 폐하지 아니하려고 사람이 안식일에도 할례를 받는 일이 있
거든 내가 안식일에 사람의 전신을 건전케 한 것으로 너희가 나를 노여워하
느냐 24외모로 판단하지 말고 공의의 판단으로 판단하라 하시니라 25예루살
렘 사람 중에서 혹이 말하되 이는 저희가 죽이고자 하는 그 사람이 아니냐 26
보라 드러나게 말하되 저희가 아무 말도 아니하는도다 당국자들은 이 사람을
참으로 그리스도인 줄 알았는가 27그러나 우리는 이 사람이 어디서 왔는지 아
노라 그리스도께서 오실 때에는 어디서 오시는지 아는 자가 없으리라 하는지
라 28예수께서 성전에서 가르치시며 외쳐 가라사대 너희가 나를 알고 내가 어
디서 온 것도 알거니와 내가 스스로 온 것이 아니로라 나를 보내신 이는 참이
시니 너희는 그를 알지 못하나 29나는 아노니 이는 내가 그에게서 났고 그가
나를 보내셨음이니라 하신대 30저희가 예수를 잡고자 하나 손을 대는 자가 없
으니 이는 그의 때가 아직 이르지 아니하였음이러라 31무리 중에 많은 사람이
예수를 믿고 말하되 그리스도께서 오실지라도 그 행하실 표적이 이 사람의
행한 것보다 더 많으랴 하니 32예수께 대하여 무리의 수군거리는 것이 바리새
인들에게 들린지라 대제사장들과 바리새인들이 그를 잡으려고 하속들을 보

내니 33예수께서 이르시되 내가 너희와 함께 조금 더 있다가 나를 보내신 이
에게로 돌아가겠노라 34너희가 나를 찾아도 만나지 못할 터이요 나 있는 곳에
오지도 못하리라 하신대 35이에 유대인들이 서로 묻되 이 사람이 어디로 가기
에 우리가 저를 만나지 못하리요 헬라인 중에 흩어져 사는 자들에게로 가서
헬라인을 가르칠 터인가 36나를 찾아도 만나지 못할 터이요 나 있는 곳에 오
지도 못하리라 한 이 말이 무슨 말이냐 하니라 37명절 끝 날 곧 큰 날에 예수
께서 서서 외쳐 가라사대 누구든지 목마르거든 내게로 와서 마시라 38나를 믿
는 자는 성경에 이름과 같이 그 배에서 생수의 강이 흘러나리라 하시니 39이
는 그를 믿는 자의 받을 성령을 가리켜 말씀하신 것이라 (예수께서 아직 영광
을 받지 못하신 고로 성령이 아직 저희에게 계시지 아니하시더라) 40이 말씀
을 들은 무리 중에서 혹은 이가 참으로 그 선지자라 하며 41혹은 그리스도라
하며 어떤 이들은 그리스도가 어찌 갈릴리에서 나오겠느냐 42성경에 이르기
를 그리스도는 다윗의 씨로 또 다윗의 살던 촌 베들레헴에서 나오리라 하지
아니하였느냐 하며 43예수를 인하여 무리 중에서 쟁론이 되니 44그 중에는 그
를 잡고자 하는 자들도 있으나 손을 대는 자가 없었더라 45하속들이 대제사장
들과 바리새인들에게로 오니 저희가 묻되 어찌하여 잡아오지 아니하였느냐
46하속들이 대답하되 그 사람의 말하는 것처럼 말한 사람은 이때까지 없었나
이다 하니 47바리새인들이 대답하되 너희도 미혹되었느냐 48당국자들이나 바
리새인 중에 그를 믿는 이가 있느냐 49율법을 알지 못하는 이 무리는 저주를
받은 자로다 50그 중에 한 사람 곧 전에 예수께 왔던 니고데모가 저희에게 말
하되 51우리 율법은 사람의 말을 듣고 그 행한 것을 알기 전에 판결하느냐 52
저희가 대답하여 가로되 너도 갈릴리에서 왔느냐 상고하여 보라 갈릴리에서
는 선지자가 나지 못하느니라 하였더라 53(다 각각 집으로 돌아가고

Question 풀·어·봅·시·다

1. 예수님께서 갈릴리에서만 다니시고 유대에서는 다니려 하지 않으셨던 이유는 무엇입니까?(1절) 또 이때는 시기적으로 언제입니까?(2절)

2. 예수님의 친형제들은 예수님이 빨리 예루살렘에 올라가 능력을 행하시길 바랬으나 예수님은 이에 대해 무엇이라 말씀하셨습니까?(6-8절)

3. 예수님께서 성전에 올라가셔서 가르치기 시작하신 때는 언제입니까?(14절) 또한 이에 대한 유대인들의 반응은 어떠했습니까?(15절)

4. 사람들은 그리스도가 오실 때에 어떤 표징을 가지고 오시기에 예수님이 그리스도가 아니라고 부인합니까?(27절)

5. 명절 마지막 날 예수님은 무엇이라고 선언하십니까?(37-38절) 또한 이것은 무엇을 가르킵니까?(39절)

6. 대제사장과 바리새인들이 예수님을 체포하라는 명령에 피고가 없는 재판은 무효하다고 주장하여 공회를 해산하게 한 바리새인은 누구입니까?(50절)

Message 묵 · 상 · 하 · 기

1-9절은 초막절을 맞이하여 예수님의 친형제들이 예수님이 참 메시야라는 사실을 불신하며(5절) 예루살렘에 올라가 이스라엘의 왕이 되라고 부추기는 장면이 묘사되어 있습니다. 이들은 편협한 민족주의적 세속주의 관점에서, 구약에서 예언된 메시야를 이스라엘의 국가적인 부흥을 도모할 자로 오해하고 있던 대다수의 유대인들(6:15)을 대표하는 자들로 등장합니다.

10-13절에서는 당시 일반 군중들이 예수님을 '선한 사람인가, 그렇지 않은 사람인가' 로 평가하는 모습이 나옵니다(12절). 표면적으로는 상반되는 주장이지만 예수님을 하나님의 아들로 깨닫지 못했다는 점에서는 서로 다를 바가 없습니다.

14-24절은 초막절 기간 중, 예수님께서 자신의 가르침이 하나님께서 허락하신 신적 권위에 근거한 것임을 교훈하시고 자신을 모세 율법을 지키지 않는 자로 몰아 죽이려한 유대인들의 악의적인 태도를 책망

하십니다.

25-36절은 예수님께서 행하신 표적 때문에 그를 그리스도로 믿고 따르는 추종자들과는 반대로 자신들의 종교적 · 정치적 기득권을 고수하기 위해 장애가 되는 예수님을 배척하며 살해하고자 하는 이들이 함께 소개되고 있습니다.

37-44절에는 초막절 마지막 날 예수님의 '생수' 비유 설교가 나옵니다. 이 날은 제사장들이 성회를 선포하고 실로암에서 물을 길어다가 성전 제단에 붓는 의식이 있었습니다. 예수님께서는 이 행사를 염두에 두시고 자신을 영적 구원과 갈증을 해결해 주는 '생명의 생수'로 비유하여 말씀하셨습니다.

마지막 부분에는 산헤드린 공의회가 나옵니다. 그들은 예수님을 체포하도록 사람을 보냈으나 실패한 후에 공론을 벌이고 있습니다. 이때 니고데모(3:1-15)는 증거가 불충분함을 들어 예수님의 체포가 부당함을 말하고 이에 공의회는 해산하게 됩니다.

Sharing 나 · 눠 · 봅 · 시 · 다

1. 당신은 예수 그리스도를 사랑과 진실한 영의 눈으로 올바르게 바라보고 있습니까?

2. 니고데모와 같이 담대하게 회중들 앞에서 예수 그리스도에 대해 바르게 증거 할 수 있을지 함께 나눠 봅시다.

12과 너는 나를 누구라 하느냐?

본문은 간음하다 현장에서 잡혀 온 여인을 용서하시는 이야기를 중심으로 예수 그리스도를 고소할 근거를 찾는 유대 지도자들의 끈질긴 노력과 예수님의 자기 계시가 계속된다.

본문 ▶ 요한복음 8:1-59

1예수는 감람산으로 가시다 2아침에 다시 성전으로 들어오시니 백성이 다 나
아오는지라 앉으사 저희를 가르치시더니 3서기관들과 바리새인들이 간음 중
에 잡힌 여자를 끌고 와서 가운데 세우고 4예수께 말하되 선생이여 이 여자가
간음하다가 현장에서 잡혔나이다 5모세는 율법에 이러한 여자를 돌로 치라
명하였거니와 선생은 어떻게 말하겠나이까 6저희가 이렇게 말함은 고소할 조
건을 얻고자 하여 예수를 시험함이러라 예수께서 몸을 굽히사 손가락으로 땅
에 쓰시니 7저희가 묻기를 마지 아니하는지라 이에 일어나 가라사대 너희 중
에 죄 없는 자가 먼저 돌로 치라 하시고 8다시 몸을 굽히사 손가락으로 땅에
쓰시니 9저희가 이 말씀을 듣고 양심의 가책을 받아 어른으로 시작하여 젊은
이까지 하나씩 하나씩 나가고 오직 예수와 그 가운데 섰는 여자만 남았더라
10예수께서 일어나사 여자 외에 아무도 없는 것을 보시고 이르시되 여자여 너
를 고소하던 그들이 어디 있느냐 너를 정죄한 자가 없느냐 11대답하되 주여
없나이다 예수께서 가라사대 나도 너를 정죄하지 아니하노니 가서 다시는 죄
를 범치 말라 하시니라) 12예수께서 또 일러 가라사대 나는 세상의 빛이니 나
를 따르는 자는 어두움에 다니지 아니하고 생명의 빛을 얻으리라 13바리새인

들이 가로되 네가 너를 위하여 증거하니 네 증거는 참되지 아니하도다 14예수
께서 대답하여 가라사대 내가 나를 위하여 증거하여도 내 증거가 참되니 나
는 내가 어디서 오며 어디로 가는 것을 앎이어니와 너희는 내가 어디서 오며
어디로 가는 것을 알지 못하느니라 15너희는 육체를 따라 판단하나 나는 아무
도 판단치 아니하노라 16만일 내가 판단하여도 내 판단이 참되니 이는 내가
혼자 있는 것이 아니요 나를 보내신 이가 나와 함께 계심이라 17너희 율법에
도 두 사람의 증거가 참되다 기록하였으니 18내가 나를 위하여 증거하는 자가
되고 나를 보내신 아버지도 나를 위하여 증거하시느니라 19이에 저희가 묻되
네 아버지가 어디 있느냐 예수께서 대답하시되 너희는 나를 알지 못하고 내
아버지도 알지 못하는도다 나를 알았더면 내 아버지도 알았으리라 20이 말씀
은 성전에서 가르치실 때에 연보궤 앞에서 하셨으나 잡는 사람이 없으니 이
는 그의 때가 아직 이르지 아니하였음이러라 21다시 이르시되 내가 가리니 너
희가 나를 찾다가 너희 죄 가운데서 죽겠고 나의 가는 곳에는 너희가 오지 못
하리라 22유대인들이 가로되 저가 나의 가는 곳에는 너희가 오지 못하리라 하
니 저가 자결하려는가 23예수께서 가라사대 너희는 아래서 났고 나는 위에서
났으며 너희는 이 세상에 속하였고 나는 이 세상에 속하지 아니하였느니라 24
이러므로 내가 너희에게 말하기를 너희가 너희 죄 가운데서 죽으리라 하였노
라 너희가 만일 내가 그인 줄 믿지 아니하면 너희 죄 가운데서 죽으리라 25저
희가 말하되 네가 누구냐 예수께서 가라사대 나는 처음부터 너희에게 말하여
온 자니라 26내가 너희를 대하여 말하고 판단할 것이 많으나 나를 보내신 이
가 참되시매 내가 그에게 들은 그것을 세상에게 말하노라 하시되 27저희는 아
버지를 가리켜 말씀하신 줄을 깨닫지 못하더라 28이에 예수께서 가라사대 너
희는 인자를 든 후에 내가 그인 줄을 알고 또 내가 스스로 아무것도 하지 아니
하고 오직 아버지께서 가르치신 대로 이런 것을 말하는 줄도 알리라 29나를
보내신 이가 나와 함께하시도다 내가 항상 그의 기뻐하시는 일을 행하므로
나를 혼자 두지 아니하셨느니라 30이 말씀을 하시매 많은 사람이 믿더라 31그
러므로 예수께서 자기를 믿은 유대인들에게 이르시되 너희가 내 말에 거하면
참 내 제자가 되고 32진리를 알지니 진리가 너희를 자유케 하리라 33저희가 대

답하되 우리가 아브라함의 자손이라 남의 종이 된 적이 없거늘 어찌하여 우
리가 자유케 되리라 하느냐 34예수께서 대답하시되 진실로 진실로 너희에게
이르노니 죄를 범하는 자마다 죄의 종이라 35종은 영원히 집에 거하지 못하되
아들은 영원히 거하나니 36그러므로 아들이 너희를 자유케 하면 너희가 참으
로 자유하리라 37나도 너희가 아브라함의 자손인 줄 아노라 그러나 내 말이
너희 속에 있을 곳이 없으므로 나를 죽이려 하는도다 38나는 내 아버지에게서
본 것을 말하고 너희는 너희 아비에게서 들은 것을 행하느니라 39대답하여 가
로되 우리 아버지는 아브라함이라 하니 예수께서 가라사대 너희가 아브라함
의 자손이면 아브라함의 행사를 할 것이어늘 40지금 하나님께 들은 진리를 너
희에게 말한 사람인 나를 죽이려 하는도다 아브라함은 이렇게 하지 아니하였
느니라 41너희는 너희 아비의 행사를 하는도다 대답하되 우리가 음란한 데서
나지 아니하였고 아버지는 한 분뿐이시니 곧 하나님이시로다 42예수께서 가
라사대 하나님이 너희 아버지였으면 너희가 나를 사랑하였으리니 이는 내가
하나님께로 나서 왔음이라 나는 스스로 온 것이 아니요 아버지께서 나를 보
내신 것이니라 43어찌하여 내 말을 깨닫지 못하느냐 이는 내 말을 들을 줄 알
지 못함이로다 44너희는 너희 아비 마귀에게서 났으니 너희 아비의 욕심을 너
희도 행하고자 하느니라 저는 처음부터 살인한 자요 진리가 그 속에 없으므
로 진리에 서지 못하고 거짓을 말할 때마다 제 것으로 말하나니 이는 저가 거
짓말쟁이요 거짓의 아비가 되었음이니라 45내가 진리를 말하므로 너희가 나
를 믿지 아니하는도다 46너희 중에 누가 나를 죄로 책잡겠느냐 내가 진리를
말하매 어찌하여 나를 믿지 아니하느냐 47하나님께 속한 자는 하나님의 말씀
을 듣나니 너희가 듣지 아니함은 하나님께 속하지 아니하였음이로다 48유대
인들이 대답하여 가로되 우리가 너를 사마리아 사람이라 또는 귀신이 들렸다
하는 말이 옳지 아니하냐 49예수께서 대답하시되 나는 귀신들린 것이 아니라
오직 내 아버지를 공경함이어늘 너희가 나를 무시하는도다 50나는 내 영광을
구치 아니하나 구하고 판단하시는 이가 계시니라 51진실로 진실로 너희에게
이르노니 사람이 내 말을 지키면 죽음을 영원히 보지 아니하리라 52유대인들
이 가로되 지금 네가 귀신들린 줄을 아노라 아브라함과 선지자들도 죽었거늘

네 말은 사람이 내 말을 지키면 죽음을 영원히 맛보지 아니하리라 하니 53너
는 이미 죽은 우리 조상 아브라함보다 크냐 또 선지자들도 죽었거늘 너는 너
를 누구라 하느냐 54예수께서 대답하시되 내가 내게 영광을 돌리면 내 영광이
아무것도 아니어니와 내게 영광을 돌리시는 이는 내 아버지시니 곧 너희가
너희 하나님이라 칭하는 그이시라 55너희는 그를 알지 못하되 나는 아노니 만
일 내가 알지 못한다 하면 나도 너희같이 거짓말쟁이가 되리라 나는 그를 알
고 또 그의 말씀을 지키노라 56너희 조상 아브라함은 나의 때 볼 것을 즐거워
하다가 보고 기뻐하였느니라 57유대인들이 가로되 네가 아직 오십도 못 되었
는데 아브라함을 보았느냐 58예수께서 가라사대 진실로 진실로 너희에게 이
르노니 아브라함이 나기 전부터 내가 있느니라 하시니 59저희가 돌을 들어 치
려 하거늘 예수께서 숨어 성전에서 나가시니라

Question 풀 · 어 · 봅 · 시 · 다

1. 간음하다 현장에서 잡혀온 여인를 끌고 예수님께로 나온 사람은 누구입니까?(3절) 모세의 율법에 의하면 이 여인은 어떻게 다루어져야 합니까?(5절)

2. 저희가 이 여인을 예수님께 데리고 나온 목적은 무엇입니까?(6절) 이에 예수님은 이 문제를 어떻게 해결하십니까?(7-9절)

3. 바리새인들의 "네 아버지가 어디 있느냐?" 라는 질문에 예수님은 어떻게 대답하십니까?(19절)

4. 예수님은 "너희가 내 말에 거하면 참 내 제자가 되고 진리를 알지니 진리가 너희를 자유케 하리라" 고 말씀하셨습니다. 이 말씀은 누구를 향하여 하신 말씀입니까?(31–32절)

5. 예수님은 죽음을 맛보지 아니할 방법을 가르쳐 주셨는데 그 방법이 무엇인가 본문에서 찾아 기록해 보십시오.(51절)

6. 예수님은 구약의 누가 나기 전부터 있었다 하여 유대인들이 분개하고 돌로 치려하였습니까?(56-59절)

Message 묵 · 상 · 하 · 기

유대 지도층들은 예수님을 고소할 근거를 찾기 위해 간음하다 현장에서 잡힌 여인의 재판을 부탁합니다. 여기에는 다음과 같은 함정이 있었습니다. 만일 예수님께서 그녀를 용서하라고 하시면 그것은 율법을 어기는 것이 되고(레 20:6-10), 돌로 치라 하면 죄인을 용서하라고 하신(마 18:21-35) 자신의 교훈에 위배되는 모순에 빠지게 됩니다. 그러나 예수님께서는 '죄 없는 자가 먼저 돌로 치라' 는 대답으로 그 함정을 모두 피해가십니다. 이는 사악한 인간의 내면을 통찰하시는 그리스도의 신적 지혜와 죄인을 사랑하시는 신적 사랑이 잘 어우러져 예수님 자신이 하나님의 아들임을 분명히 나타내 줍니다.

12-20절에서 우리는 '세상의 빛' 이요, '생명의 빛' 이라고 말씀하시는 예수님과 이 말씀을 반박하는 바리새인들의 모습을 봅니다. 예수님은 이들에게 자신의 선재성(태초부터 하나님과 함께 하심)과 하나님 아버지와의 일체성(참이신 하나님의 보냄을 받음)을 언급하시면서 신성을 확고하게 강조하고 계시지만 어리석은 그들은 그 뜻이 무엇인지 알지 못합니다.

32-41절에서는 '죄의 속박에서 자유케 하리라' (32절)는 예수님의 말씀을 듣습니다. 그러나 무지하고 완악한 이들은 이 말의 뜻을 이해하지 못하고 예전 조상들의 유전만을 신봉합니다(37-41절). 실로 우리들도 인간적인 생각과 세상이 가르치는 교훈 때문에 하나님의 말씀을 배척하는 어리석음을 행하고 있지는 않은지 돌아보아야 하겠습니다.

42-59절은 예수님께서 직접 신성을 증거하시는 부분입니다. 예수님께서 자신의 신성과 선재성을 말씀하셨을 때(58절) 유대인들의 분노는 극에 달합니다. 실로 예수님이 그리스도라는 숱한 증거에도 불구하고 믿기를 거부하는 유대인들의 완악함 속에서 다시 한번 인간의 죄성의 심각함을 절감하게 됩니다.

Sharing 나 · 눠 · 봅 · 시 · 다

1. 다른 사람들의 죄악과 실수는 눈감지 못하고 자신의 실수와 잘못에는 관대하지 않습니까? 각자의 태도에 대해 나눠 보고, 너그러운 마음을 가질 수 있도록 기도합시다.

2. 인자하심과 평강으로 우리에게 참 자유를 주시는 예수 그리스도께 날마다 나아가고 있는지 나눠 봅시다.

13과 그를 어떠한 사람이라 하느냐?

본문에는 나면서부터 소경된 자를 고쳐 주신 표적이 기록되어 있다. 이 표적은 예수님이 누구신지, 진정한 소경이 누구인지를 보여 준다.

본문 ▶ 요한복음 9:1-41

1예수께서 길 가실 때에 날 때부터 소경된 사람을 보신지라 2제자들이 물어
가로되 랍비여 이 사람이 소경으로 난 것이 뉘 죄로 인함이오니이까 자기오
니이까 그 부모오니이까 3예수께서 대답하시되 이 사람이나 그 부모가 죄를
범한 것이 아니라 그에게서 하나님의 하시는 일을 나타내고자 하심이니라 4
때가 아직 낮이매 나를 보내신 이의 일을 우리가 하여야 하리라 밤이 오리니
그때는 아무도 일할 수 없느니라 5내가 세상에 있는 동안에는 세상의 빛이로
라 6이 말씀을 하시고 땅에 침을 뱉아 진흙을 이겨 그의 눈에 바르시고 7이르
시되 실로암 못에 가서 씻으라 하시니 (실로암은 번역하면 보냄을 받았다는
뜻이라) 이에 가서 씻고 밝은 눈으로 왔더라 8이웃 사람들과 및 전에 저가 걸
인인 것을 보았던 사람들이 가로되 이는 앉아서 구걸하던 자가 아니냐 9혹은
그 사람이라 하며 혹은 아니라 그와 비슷하다 하거늘 제 말은 내가 그로라 하
니 10저희가 묻되 그러면 네 눈이 어떻게 떠졌느냐 11대답하되 예수라 하는 그
사람이 진흙을 이겨 내 눈에 바르고 나더러 실로암에 가서 씻으라 하기에 가
서 씻었더니 보게 되었노라 12저희가 가로되 그가 어디 있느냐 가로되 알지

못하노라 하니라 [13]저희가 전에 소경되었던 사람을 데리고 바리새인들에게
갔더라 [14]예수께서 진흙을 이겨 눈을 뜨게 하신 날은 안식일이라 [15]그러므로
바리새인들도 그 어떻게 보게 된 것을 물으니 가로되 그 사람이 진흙을 내 눈
에 바르매 내가 씻고 보나이다 하니 [16]바리새인 중에 혹은 말하되 이 사람이
안식일을 지키지 아니하니 하나님께로서 온 자가 아니라 하며 혹은 말하되
죄인으로서 어떻게 이러한 표적을 행하겠느냐 하여 피차 쟁론이 되었더니 [17]
이에 소경되었던 자에게 다시 묻되 그 사람이 네 눈을 뜨게 하였으니 너는 그
를 어떠한 사람이라 하느냐 대답하되 선지자니이다 한대 [18]유대인들이 저가
소경으로 있다가 보게 된 것을 믿지 아니하고 그 부모를 불러 묻되 [19]이는 너
희 말에 소경으로 났다 하는 너희 아들이냐 그러면 지금은 어떻게 되어 보느
냐 [20]그 부모가 대답하여 가로되 이가 우리 아들인 것과 소경으로 난 것을 아
나이다 [21]그러나 지금 어떻게 되어 보는지 또는 누가 그 눈을 뜨게 하였는지
우리는 알지 못하나이다 저에게 물어 보시오 저가 장성하였으니 자기 일을
말하리이다 [22]그 부모가 이렇게 말한 것은 이미 유대인들이 누구든지 예수를
그리스도로 시인하는 자는 출교하기로 결의하였으므로 저희를 무서워함이러
라 [23]이러므로 그 부모가 말하기를 저가 장성하였으니 저에게 물어 보시오 하
였더라 [24]이에 저희가 소경되었던 사람을 두 번째 불러 이르되 너는 영광을
하나님께 돌리라 우리는 저 사람이 죄인인 줄 아노라 [25]대답하되 그가 죄인인
지 내가 알지 못하나 한 가지 아는 것은 내가 소경으로 있다가 지금 보는 그것
이니이다 [26]저희가 가로되 그 사람이 네게 무엇을 하였느냐 어떻게 네 눈을
뜨게 하였느냐 [27]대답하되 내가 이미 일렀어도 듣지 아니하고 어찌하여 다시
듣고자 하나이까 당신들도 그 제자가 되려 하나이까 [28]저희가 욕하여 가로되
너는 그의 제자나 우리는 모세의 제자라 [29]하나님이 모세에게는 말씀하신 줄
을 우리가 알거니와 이 사람은 어디서 왔는지 알지 못하노라 [30]그 사람이 대
답하여 가로되 이상하다 이 사람이 내 눈을 뜨게 하였으되 당신들이 그가 어
디서 왔는지 알지 못하는도다 [31]하나님이 죄인을 듣지 아니하시고 경건하여
그의 뜻대로 행하는 자는 들으시는 줄을 우리가 아나이다 [32]창세 이후로 소경

으로 난 자의 눈을 뜨게 하였다 함을 듣지 못하였으니 33이 사람이 하나님께
로부터 오지 아니하였으면 아무 일도 할 수 없으리이다 34저희가 대답하여 가
로되 네가 온전히 죄 가운데서 나서 우리를 가르치느냐 하고 이에 쫓아내어
보내니라 35예수께서 저희가 그 사람을 쫓아냈다 하는 말을 들으셨더니 그를
만나사 가라사대 네가 인자를 믿느냐 36대답하여 가로되 주여 그가 누구시오
니이까 내가 믿고자 하나이다 37예수께서 가라사대 네가 그를 보았거니와 지
금 너와 말하는 자가 그이니라 38가로되 주여 내가 믿나이다 하고 절하는지라
39예수께서 가라사대 내가 심판하러 이 세상에 왔으니 보지 못하는 자들은 보
게 하고 보는 자들은 소경되게 하려 함이라 하시니 40바리새인 중에 예수와
함께 있던 자들이 이 말씀을 듣고 가로되 우리도 소경인가 41예수께서 가라사
대 너희가 소경되었더면 죄가 없으려니와 본다고 하니 너희 죄가 그저 있느
니라

Question 풀·어·봅·시·다

1. 예수님께서 길 가실 때에 만난 사람은 누구입니까?(1절) 제자들은 이 사람을 보고 예수님께 어떠한 질문을 합니까?(2절)

2. 예수님은 그의 소경됨을 죄의 까닭이 아닌 무엇이라고 말씀하십니까?(3절)

3. 예수님께서는 땅에 침을 뱉어 진흙을 이겨 그의 눈에 바르시고 어디에 가서 씻으라 명령하셨습니까?(7절)

4. 눈을 뜬 소경은 전에 무엇을 하던 자입니까?(8절)

5. 사람들은 눈을 뜬 사람을 데리고 누구에게로 갔습니까?(13절) 또 이 날은 어떤 날이었습니까?(14절)

6. 유대인들은 예수 그리스도를 시인하는 자들을 어떻게 할 것을 결의하였습니까?(22절)

7. 소경의 증거에 유대인들은 '너는(소경) 예수의 제자나 우리는(유대인) 누구의 제자라' 고 하였습니까?(28절)

Message · 묵 · 상 · 하 · 기

본문의 여섯 번째 표적인 소경 치유 사건은 '나는 세상의 빛이니' (5절)라는 말씀과 연관되어 기록되고 있습니다. 이는 결국 죄와 사망의 어두움 가운데서 생명과 구원의 빛으로 나아가는 길은 오직 예수뿐임을 실증해 주는 사건입니다. 한편 이 치유 사건은 후에 다시 안식일 논쟁으로 확대됩니다(13-14절).

유대 종교 지도자들은 조상들의 전승과 자신들의 인본주의적인 편견에 너무 집착한 나머지 누구든지 예수를 그리스도라고 시인하면 출교 시키기로 결의하였습니다(22절). 그러나 그러한 상황 속에서도 병 고침을 받은 소경은 자신이 경험한 사실을 그대로 이야기했습니다. 이와 같이 예수님이 하나님으로부터 보내심을 받은 자라는 신적 진리는 인간의 사고나 전통에 의해 얻어지는 것이 아니라 예수님과의 인격적인 교류를 통해서만이 얻을 수 있는 것입니다.

결국 소경을 심문하여 예수님을 모함하려던 그들의 시도는 실패로 돌아갔습니다. 소경이었던 자는 예수 그리스도가 참된 하나님의 아들임을 확신하였으며, 그의 능력이 오직 하나님께로부터 난 것임을 그 완악한 자들 앞에서 담대히 증거하였습니다.

예수님께서는 유대인들로부터 출교 당한 소경 되었던 자를 만나 자신이 하나님의 아들이심과 믿지 않는 자들을 심판하러 세상에 오셨음을 말씀하십니다. 오늘 본문에서 주님은 영적 안목을 가진 자들은 예수님을 주님으로 고백하고 구원을 얻으나, 영적 소경 된 자들은 끝내 주님을 거부하고 죄의 어두움 속에 머물 수밖에 없음을 말씀하십니다. 그리고 구원을 위해서는 영적 소경의 상태에서 깨어나는 일이 가장 중요함을 보여 주십니다.

Sharing 나 · 눠 · 봅 · 시 · 다

1. 우리의 모든 일이 하나님의 일을 나타내고, 하나님의 계획 가운데 있음을 인정하십니까? 경험한 바를 함께 나눠 봅시다.

2. 오늘 본문의 소경처럼 어떠한 상황 속에서도 진리만을 말할 수 있는지 나눠 봅시다.

14과 선한 목자이신 예수

예수님께서는 자기 자신이 양들을 위해 목숨을 바치는 선한 목자임을 계시하신다.

본문 ▶ 요한복음 10:1-21

1내가 진실로 진실로 너희에게 이르노니 양의 우리에 문으로 들어가지 아니
하고 다른 데로 넘어가는 자는 절도며 강도요 2문으로 들어가는 이가 양의 목
자라 3문지기는 그를 위하여 문을 열고 양은 그의 음성을 듣나니 그가 자기
양의 이름을 각각 불러 인도하여 내느니라 4자기 양을 다 내어 놓은 후에 앞
서 가면 양들이 그의 음성을 아는 고로 따라오되 5타인의 음성은 알지 못하는
고로 타인을 따르지 아니하고 도리어 도망하느니라 6예수께서 이 비유로 저
희에게 말씀하셨으나 저희는 그 하신 말씀이 무엇인지 알지 못하니라 7그러
므로 예수께서 다시 이르시되 내가 진실로 진실로 너희에게 말하노니 나는
양의 문이라 8나보다 먼저 온 자는 다 절도요 강도니 양들이 듣지 아니하였느
니라 9내가 문이니 누구든지 나로 말미암아 들어가면 구원을 얻고 또는 들어
가며 나오며 꼴을 얻으리라 10도적이 오는 것은 도적질하고 죽이고 멸망시키
려는 것뿐이요 내가 온 것은 양으로 생명을 얻게 하고 더 풍성히 얻게 하려는
것이라 11나는 선한 목자라 선한 목자는 양들을 위하여 목숨을 버리거니와 12
삯꾼은 목자도 아니요 양도 제 양이 아니라 이리가 오는 것을 보면 양을 버리

고 달아나나니 이리가 양을 늑탈하고 또 헤치느니라 13달아나는 것은 저가 삯
꾼인 까닭에 양을 돌아보지 아니함이나 14나는 선한 목자라 내가 내 양을 알
고 양도 나를 아는 것이 15아버지께서 나를 아시고 내가 아버지를 아는 것 같
으니 나는 양을 위하여 목숨을 버리노라 16또 이 우리에 들지 아니한 다른 양
들이 내게 있어 내가 인도하여야 할 터이니 저희도 내 음성을 듣고 한 무리가
되어 한 목자에게 있으리라 17아버지께서 나를 사랑하시는 것은 내가 다시 목
숨을 얻기 위하여 목숨을 버림이라 18이를 내게서 빼앗는 자가 있는 것이 아
니라 내가 스스로 버리노라 나는 버릴 권세도 있고 다시 얻을 권세도 있으니
이 계명은 내 아버지에게서 받았노라 하시니라 19이 말씀을 인하여 유대인 중
에 다시 분쟁이 일어나니 20그 중에 많은 사람이 말하되 저가 귀신들려 미쳤
거늘 어찌하여 그 말을 듣느냐 하며 21혹은 말하되 이 말은 귀신들린 자의 말
이 아니라 귀신이 소경의 눈을 뜨게 할 수 있느냐 하더라

Question 풀 · 어 · 봅 · 시 · 다

1. 선한 목자와 거짓 목자의 특징을 살펴보고 분석적인 목록을 작성해 보십시오.

절	선한 목자	절	거짓 목자
2절		1절	
4절		5절	
4절		5절	
10절		10절	
11절		12절	

2. 7절에서 예수님께서는 자신을 무엇에 비유하셨습니까?

3. 예수님께서는 자신을 '양의 문'에 비유하시며 들어오는 자가 무엇을 얻을 것이라고 말씀하셨습니까?(9절)

4. 도적이 오는 것은 도적질하고 죽이고 멸망시키기 위해 오는 것이나 예수님께서 오신 목적은 무엇입니까?(10절)

5. 하나님께서 예수 그리스도를 사랑하시는 것은 어떤 이유에서 입니까?(17절)

Message 묵 · 상 · 하 · 기

유대인들의 생업은 주로 목축업과 농업으로 그 중에서도 목축업은 유대인들의 생활에 근간을 이루고 있었습니다. 그러한 까닭에 예수님께서 종종 성경의 여러 곳에서 양과 목자를 비유로 강론하시는 것을 볼 수 있습니다.

오늘 본문은 9:41에 주어졌던 예수님과 유대 종교 지도자들간의 논쟁을 배경으로 목자와 양에 대해 비유하신 것입니다. 즉 영적 소경인 유대 종교 지도자들은 백성들을 생명의 길로 인도하기는커녕 도리어 백성들을 해치고 자신의 안위만 구하는 절도나 강도 혹은 삯꾼 목자에 불과합니다. 그러나 예수님 자신은 백성들을 위하여 목숨을 버리기까지 하시며 생명의 길로 인도하시는 참 선한 목자가 되신다고 증거하고 있습니다(1-18절).

이처럼 참 선한 목자로서 목숨을 버리기까지 하신다는 것은 곧 그분의 십자가 대속의 죽음을 가리키는 것이었으나 이를 이해하지 못한 유대 종교 지도자들은 예수님의 말씀을 귀신들린 자의 소리로 치부하고 듣기를 외면하였습니다(19-21절).

실로 영적 소경된 자들의 어리석은 소리라고 밖에 말할 수 없습니다. 한편 16절에서는 또 다른 한 무리의 양들이 소개되고 있는데, 이는 이방인 성도들을 가리킵니다. 이는 결국 주님의 구속 사역이 유대인들만이 아닌 세계 만국 백성들을 위한 것임을 보여 줍니다. 이처럼 하나님 나라에서는 모든 국적과 인종, 계층이 하나되는 영적 관계가 이루어질 것입니다.

Sharing 나·눠·봅·시·다

1. 본문에 나타난 '양과 목자'와의 관계를 통해 현재 당신과 주님이 맺고 있는 관계를 생각해 봅시다.

2. 목자를 잘 따르기 위해서 우리가 해야 할 일은 그의 음성을 잘 듣는 것입니다. 우리가 목자의 소리를 무시하거나 가야 할 길을 스스로 찾으려 한 적이 있다면 함께 나눠 보고 회개합시다.

15과 수전절에 배척 당하신 예수

예수님의 증거를 들은 유대인들은 상반적인 반응을 나타내며 서로 분쟁을 일으킨다. 결국 예수님은 자신이 메시야임을 증거하시지만 이러한 사실을 거부당하자 유대 땅을 떠나 피신하신다.

본문 ▶ 요한복음 10:22-42

22예루살렘에 수전절이 이르니 때는 겨울이라 23예수께서 성전 안 솔로몬 행
각에서 다니시니 24유대인들이 에워싸고 가로되 당신이 언제까지나 우리 마
음을 의혹케 하려나이까 그리스도여든 밝히 말하시오 하니 25예수께서 대답
하시되 내가 너희에게 말하였으되 믿지 아니하는도다 내가 내 아버지의 이름
으로 행하는 일들이 나를 증거하는 것이어늘 26너희가 내 양이 아니므로 믿지
아니하는도다 27내 양은 내 음성을 들으며 나는 저희를 알며 저희는 나를 따
르느니라 28내가 저희에게 영생을 주노니 영원히 멸망치 아니할 터이요 또 저
희를 내 손에서 빼앗을 자가 없느니라 29저희를 주신 내 아버지는 만유보다
크시매 아무도 아버지 손에서 빼앗을 수 없느니라 30나와 아버지는 하나이니
라 하신대 31유대인들이 다시 돌을 들어 치려 하거늘 32예수께서 대답하시되
내가 아버지께로 말미암아 여러 가지 선한 일을 너희에게 보였거늘 그 중에
어떤 일로 나를 돌로 치려 하느냐 33유대인들이 대답하되 선한 일을 인하여
우리가 너를 돌로 치려는 것이 아니라 참람함을 인함이니 네가 사람이 되어
자칭 하나님이라 함이로라 34예수께서 가라사대 너희 율법에 기록한 바 내가

너희를 신이라 하였노라 하지 아니하였느냐 35성경은 폐하지 못하나니 하나
님의 말씀을 받은 사람들을 신이라 하셨거든 36하물며 아버지께서 거룩하게
하사 세상에 보내신 자가 나는 하나님 아들이라 하는 것으로 너희가 어찌 참
람하다 하느냐 37만일 내가 내 아버지의 일을 행치 아니하거든 나를 믿지 말
려니와 38내가 행하거든 나를 믿지 아니할지라도 그 일은 믿으라 그러면 너희
가 아버지께서 내 안에 계시고 내가 아버지 안에 있음을 깨달아 알리라 하신
대 39저희가 다시 예수를 잡고자 하였으나 그 손에서 벗어나 나가시니라 40다
시 요단 강 저편 요한이 처음으로 세례 주던 곳에 가사 거기 거하시니 41많은
사람이 왔다가 말하되 요한은 아무 표적도 행치 아니하였으나 요한이 이 사
람을 가리켜 말한 것은 다 참이라 하더라 42그리하여 거기서 많은 사람이 예
수를 믿으니라

Question 풀·어·봅·시·다

1. 예수님이 예루살렘에 이르렀을 때는 어떠한 절기였습니까?(22절)

2. 예수님이 어디에 계실 때 유대인들이 에워싸고 논쟁을 벌였습니까?(23-24절)

3. 예수님께서 하나님과 자신이 하나라고 증거하자 유대인들은 어떠한 행동을 했습니까?(31절)

4. 유대인들이 예수님을 돌로 치려 한 이유는 무엇입니까?(33절) 이에 예수님은 어떻게 대답하셨습니까?(34-36절)

5. 예수님께서는 자신을 믿지 아니하더라도 무엇은 믿으라고 하셨습니까? 그리하면 어떠한 일이 있으리라고 말씀하셨습니까?(38절)

6. 유대인을 피하신 예수님이 거하신 곳은 어디입니까?(40절)

Message 묵 · 상 · 하 · 기

수전절에 예수님께서 솔로몬 행각에서 가르치실 때에 유대인들은 다시 한번 예수님께 자신의 정체를 확실히 밝힐 것을 요구합니다(24절). 이에 예수님께서는 지금까지 거듭 말하였음에도 믿지 않는 그들의 완악함을 지적하신 후에 간단하고 명료한 어조로 하나님과 자신의 하나됨을 선포하셨습니다. 이것은 자신이 본질(일체성)에서 뿐만 아니라 능력(메시야 사역)에 있어서도 하나님과 동일하다는 것입니다. 그러자 기다렸다는 듯이 유대인들은 예수님을 신성 모독자로 규정하고 돌을 들어 예수님을 치려 하였습니다. 그럼에도 불구하고 예수님께서는 조금도 요동하지 않으시고 그들에게 하나님의 음성을 들을 것을 축구하시면서 시편 82:6을 인용하여 다시 자신이 하나님의 아들이심을 분명히 말씀하신 후에 그들을 피하셨습니다. 그러나 이미 완악해질대로 완악해진 유대인들은 예수님의 살해 음모를 더욱 본격화하게 됩니다.

여기서 우리는 예수님께서 유대인들에게 배척 당하시다가 결국 십자가에 못 박히신 것은 결코 그분에게 죽어 마땅한 죄가 있었거나 혹은 연약해서가 아니라 태초에 세워진 구속의 법을 성취하시기 위한 주님의 자발적인 순종에 의한 것임을 깨닫게 됩니다. 그리고 본문에서 보는 바와 같이 유대인들이 예수님을 죽이고자 하여도 죽일 수 없었던 사실(39절)은 공생애 사역을 끝마치실 때가 이르지 않았음을 보여 줌과 동시에 예수님께서는 얼마든지 죽음까지도 피하실 수 있는 능력자이심을 보여 줍니다.

유대인들을 피해 가셨던 베레아는 세례 요한이 예수님을 전파하던 곳으로 많은 사람들이 예수님을 영접하였습니다. 여기서는 완악한 종교 지도자들과는 달리 세례 요한의 표적이 아닌 증언만을 듣고도 주님을 믿은 순전한 자들의 모습이 강하게 부각되고 있습니다.

Sharing 나 · 눠 · 봅 · 시 · 다

1. 구속 사역을 이루기 위해 죽음도 두려워하지 아니하고 증거하시는 예수님의 모습을 통해 당신은 무엇을 느낍니까?

2. 하나님의 말씀을 받은 사람들을 구약에서는 '신'이라고 하였습니다(34절). 위탁받은 권위를 당신은 어떻게 사용하고 있는지 함께 나눠 봅시다.

16과 나사로의 죽음

예수님께서는 나사로의 죽음을 통해 자신이 사망권세를 주관하고 이기시는 생명의 주 되심을 증거하셨다.

본문 ▶ 요한복음 11:1-16

1어떤 병든 자가 있으니 이는 마리아와 그 형제 마르다의 촌 베다니에 사는
나사로라 2이 마리아는 향유를 주께 붓고 머리털로 주의 발을 씻기던 자요 병
든 나사로는 그의 오라비러라 3이에 그 누이들이 예수께 사람을 보내어 가로
되 주여 보시옵소서 사랑하시는 자가 병들었나이다 하니 4예수께서 들으시고
가라사대 이 병은 죽을 병이 아니라 하나님의 영광을 위함이요 하나님의 아
들로 이를 인하여 영광을 얻게 하려 함이라 하시더라 5예수께서 본래 마르다
와 그 동생과 나사로를 사랑하시더니 6나사로가 병들었다 함을 들으시고 그
계시던 곳에 이틀을 더 유하시고 7그 후에 제자들에게 이르시되 유대로 다시
가자 하시니 8제자들이 말하되 랍비여 방금도 유대인들이 돌로 치려 하였는
데 또 그리로 가시려 하나이까 9예수께서 대답하시되 낮이 열두 시가 아니냐
사람이 낮에 다니면 이 세상의 빛을 보므로 실족하지 아니하고 10밤에 다니면
빛이 그 사람 안에 없는 고로 실족하느니라 11이 말씀을 하신 후에 또 가라사
대 우리 친구 나사로가 잠들었도다 그러나 내가 깨우러 가노라 12제자들이 가
로되 주여 잠들었으면 낫겠나이다 하더라 13예수는 그의 죽음을 가리켜 말씀

하신 것이나 저희는 잠들어 쉬는 것을 가리켜 말씀하심인 줄 생각하는지라 14
이에 예수께서 밝히 이르시되 나사로가 죽었느니라 15내가 거기 있지 아니한
것을 너희를 위하여 기뻐하노니 이는 너희로 믿게 하려 함이라 그러나 그에
게로 가자 하신대 16디두모라 하는 도마가 다른 제자들에게 말하되 우리도 주
와 함께 죽으러 가자 하니라

Question 풀 · 어 · 봅 · 시 · 다

1. 나사로라는 병자는 어느 곳에 살고 있었으며, 마리아와 마르다는 나사로와 어떤 관계였습니까?(1-2절)

2. 나사로가 병들자 그의 누이들은 어떻게 행동했습니까?(3절)

3. 예수님께서는 나사로의 병을 죽을 병이 아니라고 단정지으시고 이 병에 대해 어떻게 말씀하셨습니까?(4절)

4. 나사로가 병들었다는 전갈을 받으신 예수님은 그가 계시던 곳에 며칠을 더 유하셨습니까?(6절) 그리고 그 후에 어디로 가셨습니까?(7절)

5. 제자들이 예수님의 움직임을 두려워한 까닭은 무엇입니까?(8절) 이에 두려워하는 제자들에게 예수님은 어떻게 권면하십니까?(9-10절)

6. 예수님은 제자들에게 나사로의 죽음 상태를 아시고 무엇이라 말씀하셨습니까?(11, 14절)

Message 묵 · 상 · 하 · 기

본 장의 나사로를 살리신 이적의 기록은 4복음서 중에서 요한복음에만 나오는 사건입니다. 공관복음서에서 이 기록이 누락된 구체적인 이유에 대해서는 정확하게 알려져 있지 않습니다. 그러나 많은 사람들은 공관복음의 기록 당시에 나사로가 생존해 있었으므로 불필요한 문제들을 일으키지 않기 위해서 저자들이 일부러 삭제했을 것이라고 추측하고 있습니다.

요한복음에 기록된 7가지 표적이 모두 예수님의 신성과 메시야 되심을 증거하는 것이지만 마지막 표적인 이 이적은 그 가운데에서도 매우 특별한 의미를 가집니다. 즉 이 사건은 예수님께서 사망의 권세를 이기시고 인류에게 영생을 가져다 주실 수 있는 참 생명의 주시며, 그리스도라는 사실을 강력히 증거함과 동시에 조만간 다가올 자신의 십자가 죽음과 부활을 예시하신다고 볼 수 있습니다.

한편, 본문을 살펴보면 예수님께서는 나사로가 죽은 후 4일이 지나서야 나사로의 마을인 베다니에 오셨습니다. 이는 나사로를 살리신 이적이 단지 나사로가 가사 상태나 기절한 상태에 있을 때 이루어진 것이 아니라 분명히 죽었고 이미 썩어 냄새나는 상태에서 행해진 것임을 확실히 입증하는 것입니다. 이것은 죽음을 다스리시는 주님의 권능을 보다 확실히 보여 주시기 위한 방법이었습니다.

Sharing 나 · 눠 · 봅 · 시 · 다

1. 주님은 때로 당신의 신실한 사람들에게 지체하시는 부분과 때가 있습니다. 이러한 경험을 나눠 보고, 그때 당신이 취했던 행동을 돌아봅시다.

2. 본문은 그리스도인의 죽음에 대해 무엇이라고 증거하고 있습니까? 당신도 그렇게 생각하십니까?

17과 마르다와 예수님과의 대화

예수님은 나사로를 살리시기 위해 유대인들이 핍박하고 배척하던 곳으로 가셔서 마르다와 마리아를 만나시고 마르다의 위대한 신앙 고백을 들으신다.

본문 ▶ 요한복음 11:17-35

17예수께서 와서 보시니 나사로가 무덤에 있은 지 이미 나흘이라 18베다니는
예루살렘에서 가깝기가 한 오 리쯤 되매 19많은 유대인이 마르다와 마리아에
게 그 오라비의 일로 위문하러 왔더니 20마르다는 예수 오신다는 말을 듣고
곧 나가 맞되 마리아는 집에 앉았더라 21마르다가 예수께 여짜오되 주께서 여
기 계셨더면 내 오라비가 죽지 아니하였겠나이다 22그러나 나는 이제라도 주
께서 무엇이든지 하나님께 구하시는 것을 하나님이 주실 줄을 아나이다 23예
수께서 가라사대 네 오라비가 다시 살리라 24마르다가 가로되 마지막 날 부활
에는 다시 살 줄을 내가 아나이다 25예수께서 가라사대 나는 부활이요 생명이
니 나를 믿는 자는 죽어도 살겠고 26무릇 살아서 나를 믿는 자는 영원히 죽지
아니하리니 이것을 네가 믿느냐 27가로되 주여 그러하외다 주는 그리스도시
요 세상에 오시는 하나님의 아들이신 줄 내가 믿나이다 28이 말을 하고 돌아
가서 가만히 그 형제 마리아를 불러 말하되 선생님이 오셔서 너를 부르신다
하니 29마리아가 이 말을 듣고 급히 일어나 예수께 나아가매 30예수는 아직 마
을로 들어오지 아니하시고 마르다의 맞던 곳에 그저 계시더라 31마리아와 함

께 집에 있어 위로하던 유대인들은 그의 급히 일어나 나가는 것을 보고 곡하
러 무덤에 가는 줄로 생각하고 따라가더니 32마리아가 예수 계신 곳에 와서
보이고 그 발 앞에 엎드리어 가로되 주께서 여기 계셨더면 내 오라비가 죽지
아니하였겠나이다 하더라 33예수께서 그의 우는 것과 또 함께 온 유대인들의
우는 것을 보시고 심령에 통분히 여기시고 민망히 여기사 34가라사대 그를 어
디 두었느냐 가로되 주여 와서 보옵소서 하니 35예수께서 눈물을 흘리시더라

Question 풀 · 어 · 봅 · 시 · 다

1. 예수님이 와 보시니 나사로는 어떠한 상태에 있었습니까? 이러한 상황으로 있었던 것이 며칠이었습니까?(17절)

2. 나사로가 살던 베다니는 예루살렘으로부터 얼마나 되는 거리에 위치해 있었습니까?(18절) 이러한 까닭에 많은 유대인들은 어떻게 했습니까?(19절)

3. 예수님께서 오신다는 말을 듣고 나가 맞아들인 사람은 누구입니까? 또 그냥 집에 앉아 있던 사람은 누구입니까?(20절)

4. 예수님께서 계셨다면 나사로가 죽지 않았을 것이라고 말한 사람은 누구입니까?(21, 32절)

5. 마르다가 예수님을 맞은 곳은 어디이며, 예수님이 마리아를 부르신 곳은 어디입니까?(29-30절)

6. 마리아와 함께 집에서 위로하던 유대인들은 왜 마리아를 따라 나왔습니까?(31절)

7. 예수님께서는 마리아와 유대인들의 우는 것을 보시고 어떻게 생각하셨습니까?(33절)

Message 묵 · 상 · 하 · 기

본문에서 마르다가 자신의 신앙 고백을 예수님께 할 수 있었던 것으로 보아 예수님과 나사로의 가정은 굉장히 친밀한 교제의 관계를 이루고 있었음을 알 수 있습니다. 더욱이 오라비인 나사로를 살려 주신다는 말씀을 듣고 예수님의 마지막 부활의 날에 대해 언급한 것을 보면 마르다의 신앙 깊이가 어느 정도인지는 짐작할 수 있습니다. 즉 나사로가 지금 즉시 무덤에서 살아나리라는 것을 기대하지는 않았지만,

그래도 마르다는 예수 그리스도는 현재뿐만 아니라 미래의 영적인 삶까지도 인도하실 분이라는 것과 그에게서 육체의 부활과 영의 부활이 일어난다는 것을 확실히 믿고 있었습니다. 왜냐하면 미래의 부활 능력이 현재의 기적과 이적 속에 반영되어 있고, 현재의 이적은 장차 일어나게 될 사건을 증거하고 예표하는 기능을 하기 때문입니다.

나사로가 장사된 지 이미 4일이나 지난 후에 상봉한 예수님과 마르다의 부활에 관한 본문의 대화는 주를 믿는 순간 얻게 되는 영적 부활과 마지막 날의 육체의 부활에 관해 매우 중요한 사실을 알게 합니다.

본문에서 주님은 마르다와의 대화를 통해 자신이 믿는 자들에게 마지막 날에 부활과 영생을 줄 뿐만 아니라(25-26절) 지금 이 순간에도 죽은 자를 살릴 수 있는 절대 권능을 가진 분으로 자신을 분명히 드러내십니다. 이는 예수님께서 본래부터 죽은 자까지도 살리시는 권능을 소유한 분임을 증거함과 동시에 장차 주를 믿는 자들의 부활에 대한 확실한 증거가 됩니다.

Sharing 나 · 눠 · 봅 · 시 · 다

1. 부활의 능력을 나타내기 위해 우리가 준비해야 할 것은 무엇인지 함께 나눠 봅시다.

2. 우리는 슬픔과 고뇌의 문제를 예수님께 내어놓고 예수님과 함께 해결하고 있습니까?

18과 나사로를 살리신 예수

나사로의 영광된 부활을 통해서 예수님 자신이 생명의 주권자이심을 증거하고, 믿음이야 말로 죽음과 같은 현실을 딛고 일어설 수 있는 힘이요 지혜인 것을 깨우치신다.

본문 ▶ 요한복음 11:36-46

36이에 유대인들이 말하되 보라 그를 어떻게 사랑하였는가 하며 37그 중 어떤
이는 말하되 소경의 눈을 뜨게 한 이 사람이 그 사람은 죽지 않게 할 수 없었
더냐 하더라 38이에 예수께서 다시 속으로 통분히 여기시며 무덤에 가시니 무
덤이 굴이라 돌로 막았거늘 39예수께서 가라사대 돌을 옮겨 놓으라 하시니 그
죽은 자의 누이 마르다가 가로되 주여 죽은 지가 나흘이 되었으매 벌써 냄새
가 나나이다 40예수께서 가라사대 내 말이 네가 믿으면 하나님의 영광을 보리
라 하지 아니하였느냐 하신대 41돌을 옮겨 놓으니 예수께서 눈을 들어 우러러
보시고 가라사대 아버지여 내 말을 들으신 것을 감사하나이다 42항상 내 말을
들으시는 줄을 내가 알았나이다 그러나 이 말씀하옵는 것은 둘러선 무리를
위함이니 곧 아버지께서 나를 보내신 것을 저희로 믿게 하려 함이니이다 43이
말씀을 하시고 큰 소리로 나사로야 나오라 부르시니 44죽은 자가 수족을 베로
동인 채로 나오는데 그 얼굴은 수건에 싸였더라 예수께서 가라사대 풀어 놓
아 다니게 하라 하시니라 45마리아에게 와서 예수의 하신 일을 본 많은 유대
인이 저를 믿었으나 46그 중에 어떤 자는 바리새인들에게 가서 예수의 하신
일을 고하니라

Question 풀 · 어 · 봅 · 시 · 다

1. 예수님의 명령을 목록으로 작성해 봅시다.

절	예수님의 명령 내용
39절	
40절	
43절	
44절	

2. "소경의 눈을 뜨게 한 이 사람이 그 사람은 죽지 않게 할 수 없었더냐"(37절)라고 말한 사람들은 누구입니까?(36절)

3. 위의 말씀을 들으신 예수님은 어떻게 행동하셨습니까?(38절) 이 때 나사로의 무덤은 어떤 상태였습니까?

4. 무덤의 돌을 옮겨 놓으라는 예수님의 명령에 마르다는 나사로의 상태를 어떻게 설명하였습니까?(39절) 또한 예수님의 말씀을 불신하는 마르다에게 하신 말씀은 무엇입니까?(40절)

5. 나사로의 무덤 돌을 옮긴 후에 예수님께서 하신 일을 순서대로 기록해 보십시오.(41-44절)

Message 묵 · 상 · 하 · 기

예수님께서는 나사로의 무덤 앞에서 돌을 옮겨 놓으라고 말씀하셨습니다. 그러나 그의 누이 마르다는 나사로가 죽은 지 나흘이나 되어 부패하고 있음을 예수님께 알려드렸습니다(39절). 유대인의 관념에 따르면 죽은 후 나흘이 지나면 다시 살아날 소망이 없는 것으로 여겨졌습니다. 예수님께서는 현실을 인식하여 하나님의 능력을 바라보지 못했던 마르다에게 믿음을 강조하시면서 죽음의 돌문을 옮겨 놓으라고 말씀하셨습니다.

오늘 본문에서 우리는 하나님의 능력이 자신으로부터 나타나기를 조용히 구하시는 예수님의 모습을 발견하게 됩니다(41-42절). 그리고 예수님께서는 무지한 사람들의 믿음을 위하여 기도하시고 표적을 행하셨습니다.

이렇게 본문의 사건은 예수님만이 생명의 주관자이시며 부활의 능력이심을 가장 확실하게 드러내고 있습니다. 즉 이 표적은 예수님만이 죄 가운데 있는 인생들이 영원히 해결할 수 없는 죽음의 문제를 해결할 분임을 보여 줍니다. 한편, 나사로를 살리신 기적으로 인해 많은 사람들이 예수님을 믿게 되었으나 어떤 이들은 그 적대감이 더욱 심해져서 당국자들에게 고발하는 사태까지 빚어지게 됩니다(46절).

예수님이 죽은 나사로를 살리신 기적은 유대 사회에 큰 파장을 일으켰습니다. 이 파장은 영광스러운 기적 앞에 메시야임을 깨닫고 무릎 꿇은 자에게는 구원의 파장이었고, 이 사실을 믿지 않는 자에게는 하나님의 아들을 십자가에 못 박는 빌미가 되는 박해의 큰 파장이었습니다(45-46절).

예수님이 행하신 기적은 하나님에 의한 것이었고, 또한 하나님의 영광을 위한 것이었습니다. 우리도 우리의 삶의 현장에서 자신의 능력과 권세에 의지하던 모습에서 벗어나 하나님의 영광을 위한 믿음의 행동을 시작한다면 우리의 삶 속에서 많은 기적을 체험할 것입니다.

Sharing 나 · 눠 · 봅 · 시 · 다

1. 우리의 가장 절망적이었던 상황을 이야기해 보고, 이런 상황 속에서 주님을 믿는 믿음으로 돌문을 옮겨 놓을 수 있을지 나눠 봅시다.

2. "믿으면 하나님의 영광을 보리라"(40절) 하신 말씀을 당신의 상황에 적용하여 나눠 봅시다.

19과 공회의 살해 모의와 예수의 피신

나사로를 살리신 사건은 예수님의 권위를 높이고 많은 사람들이 좇게 되는 기회가 되었으나 이로 인해 유대 교권주의자들의 살해음모를 낳게 한다.

본문 ▶ 요한복음 11:47-57

47이에 대제사장들과 바리새인들이 공회를 모으고 가로되 이 사람이 많은 표
적을 행하니 우리가 어떻게 하겠느냐 48만일 저를 이대로 두면 모든 사람이
저를 믿을 것이요 그리고 로마인들이 와서 우리 땅과 민족을 빼앗아 가리라
하니 49그 중에 한 사람 그 해 대제사장인 가야바가 저희에게 말하되 너희가
아무것도 알지 못하는도다 50한 사람이 백성을 위하여 죽어서 온 민족이 망하
지 않게 되는 것이 너희에게 유익한 줄을 생각지 아니하는도다 하였으니 51이
말은 스스로 함이 아니요 그 해에 대제사장이므로 예수께서 그 민족을 위하
시고 52또 그 민족만 위할 뿐 아니라 흩어진 하나님의 자녀를 모아 하나가 되
게 하기 위하여 죽으실 것을 미리 말함이러라 53이 날부터는 저희가 예수를
죽이려고 모의하니라 54그러므로 예수께서 다시 유대인 가운데 드러나게 다
니지 아니하시고 여기를 떠나 빈 들 가까운 곳인 에브라임이라는 동네에 가
서 제자들과 함께 거기 유하시니라 55유대인의 유월절이 가까우매 많은 사람
이 자기를 성결케 하기 위하여 유월절 전에 시골서 예루살렘으로 올라갔더니
56저희가 예수를 찾으며 성전에 서서 서로 말하되 너희 생각에는 어떠하뇨 저

가 명절에 오지 아니하겠느냐 하니 57이는 대제사장들과 바리새인들이 누구
든지 예수 있는 곳을 알거든 고하여 잡게 하라 명령하였음이러라

Question 풀 · 어 · 봅 · 시 · 다

1. 나사로를 살리신 사건이 일어난 후 대제사장들과 바리새인들은 어떤 행동을 취했습니까?(47절)

2. 유대의 교권주의자들이 두려워하는 것은 무엇입니까?(48절)

3. 당시의 대제사장은 누구였습니까?(49절)

4. 대제사장 가야바의 제안으로 어떠한 일들이 벌어졌습니까?(53절)

5. 예수님은 자신을 죽이려는 모의를 아시고는 구체적으로 어떻게 행동하셨습니까?(54절)

6. 많은 유대인들은 어떠한 절기를 당하여 예루살렘으로 올라갔습

니까?(55절) 성전에서 진행되고 있었던 일을 기록해 보십시오.(56절)

7. 예수님의 체포를 명령한 이들은 누구입니까?(57절)

Message 묵·상·하·기

예수님을 체포하기 위해 산헤드린 공회가 소집되었습니다. 나사로를 살리신 이적은 산헤드린 공회를 몹시 긴장하게 했고, 그 결과 예수님을 죽이려는 모의에 더욱 박차를 가하게 되었습니다. 바리새파는 정치적인 당파는 아니었으나 그들의 관심은 율법에 따라 생활하도록 하는 것이었습니다. 그러나 사두개파는 극히 정치적인 당파로서 부유하고 귀족적이었으며 로마 정부에 협조적이었습니다. 그들은 예수님이 그 추종자들의 세력을 연합하여 폭동을 일으킬 것을 두려워하였습니다. 그래서 급기야는 대제사장 가야바가 예수 체포령을 내림에 따라 예수님께서는 남은 공생애 사역의 성취를 위해 에브라임으로 피신하셔야만 했습니다(54절). 예수님은 생의 마지막 유월절을 보내기 위해 예루살렘으로 올라가시기 전에 빈 들 가까운 곳에서 그의 사랑하는 제자들과 함께 시간을 보내셨습니다.

한편, 한 사람을 희생시켜 모든 백성들이 안전하게 되는 것이 유익하다는 대제사장 가야바의 말(50절)은 예수님을 죽임으로 민심을 안정시킬 수 있다는 의도에서 나온 말입니다. 그러나 이는 아이러니하게

도 예수님께서 유대 민족만이 아니라 전 세계의 택한 모든 백성들을 위해 대속의 죽음을 죽으실 것에 대한 예언이 되었습니다. 저자 요한은 가야바가 당대의 대제사장이므로 하나님이 그로 하여금 그러한 예언을 하도록 섭리하셨다고 해석합니다(51-52절). 여기서 우리는 하나님께서 악인들의 궤계를 통해서도 당신의 온전하신 뜻을 이루어 가신다는 사실을 발견하게 됩니다. 따라서 우리는 어떠한 역경과 고난 속에서도 하나님의 온전하신 뜻은 이루어지며, 그러한 하나님의 뜻 가운데 살아가는 것이 성도들의 참 기쁨과 소망이라는 사실을 명심해야 할 것입니다.

Sharing 나 · 눠 · 봅 · 시 · 다

1. 예수님을 죽이고자 세상은 시끄러웠지만 예수님은 한적한 곳에서 제자들과 교제의 시간을 가지셨습니다. 세상의 위협과 공포가 찾아올 때 우리는 무엇을 하는지 나눠 봅시다.

2. 가야바는 예수님을 죽임으로 민심을 안정시키려 했습니다. 이와 같이 우리도 자신의 유익을 위해 예수님을 죽이려 한 적은 없는지 나눠 봅시다.

20과 마리아의 향유 부음

본문에서는 향유사건을 통해 예수 그리스도께 헌신한 마리아의 순수한 사랑이 소개된다.

본문 ▶ 요한복음 12:1-11

1유월절 엿새 전에 예수께서 베다니에 이르시니 이곳은 예수께서 죽은 자 가
운데서 살리신 나사로의 있는 곳이라 2거기서 예수를 위하여 잔치할새 마르
다는 일을 보고 나사로는 예수와 함께 앉은 자 중에 있더라 3마리아는 지극히
비싼 향유 곧 순전한 나드 한 근을 가져다가 예수의 발에 붓고 자기 머리털로
그의 발을 씻으니 향유 냄새가 집에 가득하더라 4제자 중 하나로서 예수를 잡
아 줄 가룟 유다가 말하되 5이 향유를 어찌하여 삼백 데나리온에 팔아 가난한
자들에게 주지 아니하였느냐 하니 6이렇게 말함은 가난한 자들을 생각함이
아니요 저는 도적이라 돈 궤를 맡고 거기 넣는 것을 훔쳐 감이러라 7예수께서
가라사대 저를 가만 두어 나의 장사할 날을 위하여 이를 두게 하라 8가난한
자들은 항상 너희와 함께 있거니와 나는 항상 있지 아니하리라 하시니라 9유
대인의 큰 무리가 예수께서 여기 계신 줄을 알고 오니 이는 예수만 위함이 아
니요 죽은 자 가운데서 살리신 나사로도 보려 함이러라 10대제사장들이 나사
로까지 죽이려고 모의하니 11나사로 까닭에 많은 유대인이 가서 예수를 믿음
이러라

Question 풀·어·봄·시·다

1. 예수님께서 베다니에 이르신 때는 언제입니까? 전에 이곳은 어떤 사건이 있었던 곳입니까?(1절)

2. 예수님을 위하여 이들이 준비하고 있었던 것은 무엇입니까? 나사로와 마르다가 행한 일은 무엇입니까?(2절)

3. 마리아가 행한 일은 무엇입니까? 관찰하여 기록해 보십시오.(3절)

4. 예수님께 향유를 부은 것에 대해서 못마땅하게 여긴 제자는 누구입니까?(4-5절)

5. 향유를 부은 마리아를 꾸짖던 제자의 저의는 무엇입니까?(6절)

6. 마리아를 꾸짖는 제자를 향하여 예수님은 무엇이라고 말씀하셨습니까?(7-8절)

7. 많은 사람들이 예수님과 나사로를 보기 위해 모였습니다. 예수님을 죽이려 음모를 꾸미던 대제사장들은 왜 나사로까지 죽이려고 모의하였습니까? (10-11절)

Message 묵 · 상 · 하 · 기

본문은 예수님의 장사를 준비한 한 여인의 아름다운 신앙에 대해 이야기하고 있습니다.

예수님께서 예루살렘에 승리의 입성을 하시기 하루 전날 베다니 문둥이 시몬의 집에서는 예수님을 위한 잔치가 열렸습니다(마 26:6-13; 막 14:3-9). 이때 마리아는 예수님의 발에 향유를 부었고, 예수님께서는 이러한 마리아의 행위를 기쁘게 보시고 칭찬하셨습니다. 여기서 마리아의 헌신적인 행위가 돋보이는 것은 그녀가 값비싼 예물을 예수님께 바쳤다는 의미보다는 예수님의 대속적인 죽음을 스스로 준비했다는 데 있습니다(7절). 그리고 주님과의 관계만을 기뻐하며 주님만을 높이고자 했고, 자신이 가진 모든 것을 드리고자 하는 그녀의 마음이 표현되었기 때문입니다.

그러나 이 가운데서도 가룟 유다는 강한 불만을 표시하였습니다. 가난한 자를 위한다는 명목이었으나 실제로는 돈에 대한 욕심 때문이었습니다. 가난한 자들은 언제라도 도울 수 있지만 예수님의 장사를 준비하는 일은 예수님이 십자가에 못 박히시기 전에 하지 않으면 안 되는 것이었습니다. 한편, 유대의 권력자들은 예수님만을 죽이려한 것이 아니라 예수님께서 살리신 나사로까지 죽이려 하였습니다. 그것은 나사로 때문에 예수님을 믿는 자가 더욱 많아졌기 때문입니다(9-11

절). 이러한 상황들은 당시의 종교적 부패가 어느 정도였는지를 짐작하게 합니다. 여기서 우리는 예수님의 죽음을 예비하고, 다른 한편으로는 예수님을 살해하려고 모의하는 모습 속에서 예수 그리스도의 십자가 죽음이 임박하였음을 알 수 있습니다.

마리아의 헌신의 향기는 신앙의 모범으로 오랫동안 전해지고 찬미받고 있습니다. 아름다운 신앙의 유산은 시대와 공간을 초월해 아름답게 전해집니다.

Sharing 나 · 눠 · 봅 · 시 · 다

1. 우리는 다른 성도들의 정성 어린 봉사와 헌신을 시기하며 비아냥거린 적은 없는지 함께 나눠 봅시다.

2. 당신이 예수님께 드릴 것이 있다면 그것은 무엇입니까? 함께 나눠 봅시다.

21과 승리의 예루살렘 입성

예수님께서는 수난을 통한 십자가 구속의 역사를 이루시기 위해 예루살렘으로 입성하신다.

본문 ▶ 요한복음 12:12-19

12그 이튿날에는 명절에 온 큰 무리가 예수께서 예루살렘으로 오신다 함을 듣
고 13종려나무 가지를 가지고 맞으러 나가 외치되 호산나 찬송하리로다 주의
이름으로 오시는 이 곧 이스라엘의 왕이시여 하더라 14예수는 한 어린 나귀를
만나서 타시니 15이는 기록된 바 시온 딸아 두려워 말라 보라 너의 왕이 나귀
새끼를 타고 오신다 함과 같더라 16제자들은 처음에 이 일을 깨닫지 못하였다
가 예수께서 영광을 얻으신 후에야 이것이 예수께 대하여 기록된 것임과 사
람들이 예수께 이같이 한 것인 줄 생각났더라 17나사로를 무덤에서 불러내어
죽은 자 가운데서 살리실 때에 함께 있던 무리가 증거한지라 18이에 무리가
예수를 맞음은 이 표적 행하심을 들었음이러라 19바리새인들이 서로 말하되
볼지어다 너희 하는 일이 쓸데없다 보라 온 세상이 저를 좇는도다 하니라

Question 풀·어·봅·시·다

1. 예수님께서는 언제 예루살렘으로 들어가셨습니까?(12절)

2. 예수님께서 예루살렘으로 들어가실 때 청중들의 반응은 어떠했습니까? 종려나무 가지를 흔들며 호산나 외치던 무리들은 예수님을 어떻게 불렀습니까?(13절)

3. 예언된 말씀과 같이 예수님이 타게 된 짐승은 무엇입니까?(14-15절)

4. 제자들은 언제 예수님의 예루살렘 입성에 대한 예언을 이해하게 되었습니까?(16절)

5. 예수님과 함께 있던 무리 중 어떤 자들이 예수님에 대하여 증거하였습니까?(17절)

6. 무리들이 예수님을 맞이한 이유는 무엇입니까?(18절)

7. 온 세상이 예수님을 좇는다고 싫어하며 쓸데없는 일이라고 했던 사람들은 누구입니까?(19절)

Message 묵 · 상 · 하 · 기

드디어 예수님께서 수난을 통한 구속의 역사를 이루시기 위해 예루살렘으로 입성하셨습니다(마 21:1-11; 막 11:1-11). 예루살렘에 모여든 무리들은 예수님을 메시야로, 이스라엘의 왕으로, 주님이라는 이름으로 오시는 분으로 환호하며 영접하였습니다.

당국자들은 예수님이 입성하는 즉시 체포하려 했으나 백성들의 소동으로 부득이 계획을 변경해야만 했습니다. 그러나 이처럼 열렬한 찬사를 보내던 무리들이 무엇 때문에 머지않아 그를 십자가에 못 박으라고 소리치는 군중으로 변했을까요? 이것은 근본적으로 그들이 예수님을 잘못 이해하고 있었기 때문입니다. 무리들은 예수님을 민족의 해방자로 정치적인 왕으로 그들의 수도인 예루살렘에 맞아들였던 것입니다.

한편, 예수님께서 나귀를 타고 입성하신 것은 스가랴 9:9의 예언을 이루신 것으로 이는 곧 그분이 구약에 예언된 메시야임을 증거하는 것입니다. 주님이 세상에 오신 것은 유대인만을 구원하려는 것이 아니라 모든 이방인들이 믿어 구원에 이르도록 하기 위함이었습니다.

종려나무 가지는 이스라엘의 민족주의를 상징하는 것으로 그들이 예수님을 정치적인 왕으로서 맞아들였음을 보여 줍니다. 그럼에도 예수님은 아무 대답도 없이 묵묵히 나귀 위에 타셨습니다. 나귀는 평화와 겸손을 상징합니다. 스가랴 9:10은 나귀를 타고 오시는 분이 "이방 사람에게 화평을 전할 것이요 그의 정권은 바다에서 바다까지 이르고 유브라데 강에서 땅 끝까지 이르리라."고 하였습니다. 예수님이 세상에 오신 것은 유대인만을 구원하려 하심이 아니라 모든 이방인들이 믿어 구원에 이르도록 하기 위함이었습니다.

Sharing 나 · 눠 · 봅 · 시 · 다

1. 우리가 예수 그리스도를 찬양하고 환영하는 이유는 무엇입니까? 함께 나눠 봅시다.

2. 예수님이 우리에게 궁극적으로 가져다 준 것은 무엇입니까? 이 감격이 당신에게도 있습니까? 함께 나눠 봅시다.

22과 빛의 아들이 되리라

예수님께서는 자신이 빛이심을 증거하며, 빛의 아들 됨의 원리를 가르쳐 주신다.

본문 ▶ 요한복음 12:20-36

20명절에 예배하러 올라온 사람 중에 헬라인 몇이 있는데 21저희가 갈릴리 벳
새다 사람 빌립에게 가서 청하여 가로되 선생이여 우리가 예수를 뵈옵고자
하나이다 하니 22빌립이 안드레에게 가서 말하고 안드레와 빌립이 예수께 가
서 여짜온대 23예수께서 대답하여 가라사대 인자의 영광을 얻을 때가 왔도다
24내가 진실로 진실로 너희에게 이르노니 한 알의 밀이 땅에 떨어져 죽지 아
니하면 한 알 그대로 있고 죽으면 많은 열매를 맺느니라 25자기 생명을 사랑
하는 자는 잃어버릴 것이요 이 세상에서 자기 생명을 미워하는 자는 영생하
도록 보존하리라 26사람이 나를 섬기려면 나를 따르라 나 있는 곳에 나를 섬
기는 자도 거기 있으리니 사람이 나를 섬기면 내 아버지께서 저를 귀히 여기
시리라 27지금 내 마음이 민망하니 무슨 말을 하리요 아버지여 나를 구원하여
이때를 면하게 하여 주옵소서 그러나 내가 이를 위하여 이때에 왔나이다 28아
버지여 아버지의 이름을 영광스럽게 하옵소서 하시니 이에 하늘에서 소리가
나서 가로되 내가 이미 영광스럽게 하였고 또다시 영광스럽게 하리라 하신대
29곁에 서서 들은 무리는 우뢰가 울었다고도 하며 또 어떤 이들은 천사가 저

에게 말하였다고도 하니 30예수께서 대답하여 가라사대 이 소리가 난 것은 나
를 위한 것이 아니요 너희를 위한 것이니라 31이제 이 세상의 심판이 이르렀
으니 이 세상 임금이 쫓겨나리라 32내가 땅에서 들리면 모든 사람을 내게로
이끌겠노라 하시니 33이렇게 말씀하심은 자기가 어떠한 죽음으로 죽을 것을
보이심이러라 34이에 무리가 대답하되 우리는 율법에서 그리스도가 영원히
계신다 함을 들었거늘 너는 어찌하여 인자가 들려야 하리라 하느냐 이 인자
는 누구냐 35예수께서 가라사대 아직 잠시 동안 빛이 너희 중에 있으니 빛이
있을 동안에 다녀 어두움에 붙잡히지 않게 하라 어두움에 다니는 자는 그 가
는 바를 알지 못하느니라 36너희에게 아직 빛이 있을 동안에 빛을 믿으라 그
리하면 빛의 아들이 되리라 예수께서 이 말씀을 하시고 저희를 떠나가서 숨
으시니라

Question 풀 · 어 · 봅 · 시 · 다

1. 빌립에게 예수님을 만나고자 간절히 청한 이들은 누구입니까?(21절)

2. 예수님을 뵈려는 헬라인들의 청을 빌립은 제자인 누구에게 말했습니까?(22절)

3. 예수님께서는 이때를 무엇이라고 말씀하십니까?(23절)

4. 한 알의 밀알이 땅에 떨어져 죽지 않으면 어떻게 됩니까? 또한 죽으면 어떻게 됩니까?(24절)

5. 자기 생명을 사랑하는 자와 미워하는 자는 각기 어떻게 됩니까?(25절)

6. 예수님께서 말씀을 마치시자 하늘에서 소리가 들렸는데 무리들은 이 소리를 '우뢰'의 소리라고 하였습니다. 이 내용은 무엇이며, 이 소리는 누구를 위한 것입니까?(27-30절)

7. 사람들은 율법을 통해서 그리스도가 영원히 계신다는 말을 들었지만, 실제로 예수님은 인자가 어떻게 된다고 하셨습니까?(34절) 또한 빛의 아들이 되는 방법은 무엇입니까?(36절)

Message 묵·상·하·기

이 본문은 요한복음에만 나오는 사건으로 여기에 등장하는 헬라인들은 유대교로 개종한 이방인들입니다. 이들과 예수님과의 만남은 예수님을 유대인 뿐만 아니라 만민의 구주로 소개하는 요한복음의 목적과 잘 부합됩니다.

한편, 예수님은 헬라인들이 자신을 찾아온 사실을 계기로 '한 알의 밀알' 비유를 들어 자신의 십자가 수난으로 많은 사람이 구원받게 됨을 말씀하시고, 그로 인해 성부 하나님이 영광 받으시기를 기도하셨습니다(23-28절). 또 주님의 기도에 대한 성부 하나님의 응답으로 하늘에서 큰 음성이 있었다는 사실을 언급한 후 그리스도의 구속의 은혜를 입기 위해서는 빛 되신 그리스도에 대한 믿음이 전제되어야 하며 불신자에게는 심판이 있을 뿐임을 말씀하십니다(28-36절).

본문의 내용은 요한복음 전체의 메시지로 예수님이 참 그리스도이시며 그를 믿는 자에게만 영생이 있다는 사실(요 20:31)을 함축적으로 전해주고 있습니다. 예수님께서 인자라고 말씀하셨을 때 그것은 십자가 상의 승리를 뜻하고 있었습니다. 그 죽음은 땅에 떨어져 썩어짐으로써 생명을 잉태하는 한 알의 밀알처럼 생명을 가져오기 위한 죽음이었습니다.

예수님의 죽음과 부활 위에서 교회는 생명력을 얻어 성장하게 되었습니다. 죽음으로써 많은 열매를 맺는 것은 기독교의 신앙 원리요 생명의 원리입니다. 하나님 나라의 확장을 위해 자기를 희생하고 버리는 자는 오히려 생명을 얻고, 주를 위해 드리지 않는 자는 오히려 생명을 잃어버리는 것이 자연스러운 생명의 신비요, 어길 수 없는 법칙인 것입니다. 하나님의 뜻은 십자가였습니다. 예수님은 하나님의 아들임과 동시에 인간이셨기에 십자가가 가져다 주는 고통과 수치와 저주가 두려우셨지만 하나님의 이름만이 영광스럽게 되기를 기도하셨습니다.

Sharing 나 · 눠 · 봅 · 시 · 다

1. 새 생명을 잉태하는 밀알처럼 우리가 해야 할 일이 있다면 그것이 무엇인지 나눠 봅시다.

2. 가장 아끼고 사랑하는 것을 잃어버린 경험이 있다면 나눠 보고, 지금 가장 아끼고 사랑해야 할 것이 무엇인지 나눠 봅시다.

23과 진리를 보지 못할 때

백성들이 예수를 받아들이지 않는 이유에 대해 기술하고, 불신자에 대한 경고와 신앙의 결단을 촉구한다.

본문 ▶ 요한복음 12:37-50

37이렇게 많은 표적을 저희 앞에서 행하셨으나 저를 믿지 아니하니 38이는 선
지자 이사야의 말씀을 이루려 하심이라 가로되 주여 우리에게 들은 바를 누
가 믿었으며 주의 팔이 뉘게 나타났나이까 하였더라 39저희가 능히 믿지 못한
것은 이 까닭이니 곧 이사야가 다시 일렀으되 40저희 눈을 멀게 하시고 저희
마음을 완고하게 하셨으니 이는 저희로 하여금 눈으로 보고 마음으로 깨닫고
돌이켜 내게 고침을 받지 못하게 하려 함이니라 하였음이더라 41이사야가 이
렇게 말한 것은 주의 영광을 보고 주를 가리켜 말한 것이라 42그러나 관원 중
에도 저를 믿는 자가 많되 바리새인들을 인하여 드러나게 말하지 못하니 이
는 출회를 당할까 두려워함이라 43저희는 사람의 영광을 하나님의 영광보다
더 사랑하였더라 44예수께서 외쳐 가라사대 나를 믿는 자는 나를 믿는 것이
아니요 나를 보내신 이를 믿는 것이며 45나를 보는 자는 나를 보내신 이를 보
는 것이니라 46나는 빛으로 세상에 왔나니 무릇 나를 믿는 자로 어두움에 거
하지 않게 하려 함이로라 47사람이 내 말을 듣고 지키지 아니할지라도 내가
저를 심판하지 아니하노라 내가 온 것은 세상을 심판하려 함이 아니요 세상

을 구원하려 함이로라 48나를 저버리고 내 말을 받지 아니하는 자를 심판할
이가 있으니 곧 나의 한 그 말이 마지막 날에 저를 심판하리라 49내가 내 자의
로 말한 것이 아니요 나를 보내신 아버지께서 나의 말할 것과 이를 것을 친히
명령하여 주셨으니 50나는 그의 명령이 영생인 줄 아노라 그러므로 나의 이르
는 것은 내 아버지께서 내게 말씀하신 그대로 이르노라 하시니라

Question 풀 · 어 · 봅 · 시 · 다

1. 예수님께서는 많은 표적을 행하셨으나 저들의 반응은 어떠했습니까?(37절) 이것은 어느 선지자의 예언입니까?(38절)

2. 이사야 선지자의 예언에 따르면 표적을 믿지 못하는 이유를 무엇이라고 말하고 있습니까?(39-40절)

3. 예수님을 믿었지만 바리새인들에게 출회를 당하는 것이 두려워 드러내지 못한 사람들은 누구입니까?(42절) 이들은 하나님의 영광보다 무엇을 더 추구하였습니까?(43절)

4. 예수님께서 나를 믿는 자는, 나를 본 자는 누구를 믿는 것이라고 말씀하셨습니까?(44-45절)

5. 예수님이 세상에 오신 목적은 무엇입니까?(47-50절)

6. 예수님께서 하신 말씀의 기원은 어디입니까?(49절) 또 그 명령의 내용은 무엇입니까?(50절)

Message 묵·상·하·기

우리 예수님께서 많은 기적과 표적을 행하여 하나님의 영광을 나타내셨을 때 믿고 돌아오는 사람들이 있었으나 그들은 지극히 적은 무리였습니다. 그리고 유대 민족적으로는 그리스도를 거부하였습니다.

예수님께서 많은 표적을 보이셨음에도 백성들이 예수님을 받아들이지 않은 데에는 두 가지 이유가 있었습니다. 첫째는 하나님께서 백성들의 마음을 완고하게 하셨기 때문이고(사 6:9, 10), 둘째는 예수님을 믿으면 출교 시킨다는 유대 당국자들의 협박 때문이었습니다. 그러나 그렇게 된 원인은 결국 백성들이 하나님의 영광을 구하지 않고 사람의 영광을 구했기 때문이라는 평가를 내립니다(43절).

44-50절까지는 십자가 수난을 앞둔 예수님께서 예루살렘에서 행하신 마지막 대중 설교입니다. 이 설교의 핵심은 예수께서 세상에 오신 것은 심판을 위해서가 아니라 구원을 위해서지만(44-47절) 예수님께서 주신 복음을 끝까지 믿지 않음으로 스스로 생명의 길을 버리고 멸망의 길로 나아가는 자는 어쩔 수 없이 심판에 처해질 수밖에 없다는 것입니다. 이러한 신앙 결단의 촉구는 마지막 순간까지도 죄인들이 회개하고 당신께로 나아오기를 원하시는 하나님의 무한한 사랑을 잘 보여 줍니다. 또한 하나님의 계획을 위하여 인간의 불신앙까지도 이용하시는 하나님의 모습을 봅니다.

하나님은 유대인의 불신앙을 이방인을 향한 구원의 기회로 삼으셨고, 예수님을 죽이려는 악한 자들의 음모를 인류를 구원하는 십자가의 지혜로 이루셨습니다. 하나님의 지혜와 능력은 모든 것 위에 뛰어납니다.

Sharing 나·눠·봅·시·다

1. 하나님의 칭찬보다 사람의 칭찬을 더 기대했던 적은 없습니까?
   이러한 유혹을 당할 때 어떻게 대처하는지 나눠 봅시다.

2. 말씀을 가르치고 선포할 때 당신은 즐겁고 행복하십니까?

인도자를 위한 지침

1. 성경 공부는 예습을 우선적으로 합니다. 조원들이 충분히 말씀을 읽고 생각한 이후에 공부가 진행되도록 해야 합니다. 그렇지 않을 경우에는 성경 본문이 말하고 있는 심오한 진리에까지 내려가지 못하고 피상적인 논쟁에서 끝날 수 있습니다.

2. 성경 공부를 인도할 때 인도자는 조원들의 참여도에 관심을 가져야 합니다. 예를 들면 적극적으로 토론에 참여하는 사람에게는 조금 자제를 시키고, 소극적인 사람에게는 참여를 유도하는 질문을 통해서 균형적인 토론이 되도록 해 주어야 합니다.

3. 요한복음을 공부하는 동안 말씀에 대한 깨달음을 얻게 될 경우, 그것을 구체적으로 적용할 수 있도록 도와 주어야 합니다. 조원이 어떻게 살겠다는 삶의 결단을 가지게 된다면 그것을 매주마다 점검해 주고 관리해 줌으로써 지속적으로 삶에 실천되도록 해야 합니다.

4. 요한복음의 전체 주제는 예수님입니다. 즉 '그분은 누구신가? 이 땅에 왜 오셨으며 무슨 일을 하셨는가? 그리고 우리에게 무엇을 말씀하셨나?' 에 대해 기록하고 있습니다. 그 기록 목적은 요한복음 20:31에 잘 나타나 있습니다. 그러므로 모든 성경 공부의 목적이 그렇듯이 예수님이 누구신지를 더 깊이 알도록 이 부분에 중점을 두어야 합니다.

5. 요한복음은 흔히 새신자들을 위한 공부용으로 이해하여 대충 보려는 경향이 많은데 그것은 올바른 태도가 아닙니다. 성경에 기록된 사건들, 특히 절기나 지형, 문화 등을 깊이 알면 알수록 말씀을 이해하는데 큰 도움이 될 것입니다. 그리고 공부가 진행되는 동안 말씀이 논쟁으로 전개되지 않고 믿음의 고백으로 진행되도록 최대한 조원들을 도와야 합니다.

Guide

1과. 생명의 빛되신 그리스도

'영접' (12절)에 관한 더 깊은 이해가 필요합니다. 예수님을 영접하는 것은 받아들이고 그냥 대충 사는 것이 아니라 삶의 모든 부분까지 따르는 것, 즉 영접한 후에도 계속해서 예수님을 믿어가는 것을 말합니다. 로마서 10:10에서 '입으로 시인한다' 는 표현 또한 당시의 시대적인 배경 속에서 공중 앞에 고백하는(거의 죽음을 각오하는) 태도를 말합니다. 최근 구원에 대해 가볍게 생각하는 태도가 있는데 바른 생각을 정립하도록 도와 줍니다.

2과. 제자를 부르심

세례 요한은 예수님을 알게 된 것이 '성령' 때문이라고 말했습니다. 예수님을 더 잘 알기 위해서는 성령님을 모시고, 성령 충만을 위해 기도해야 합니다. 조원들로 하여금 기도 시간을 확보하도록 돕습니다. 그리고 예수님께서 제자들을 부르시는 모습을 통해 전도에 대해서도 나눠 보도록 합니다.

3과. 가나 혼인 잔치와 성전 청결

가나 혼인 잔치 사건은 '묵상하기' 를 참고하여 설명을 중심으로 진행합니다. 그리고 성전 청결은 적용점을 중심으로 살펴보며, 성도로서 자신의 회복과 교회의 회복에 대하여 생각해 보는 시간을 갖습니다. 그러나 주의할 것은 비판으로 끝나서는 안 된다는 것입니다. 진정한 교회의 회복은 자신 개개인이 하나님 앞에 바로 서는 것이며, 지도자가 바로 서는 것입니다.

4과. 하나님 나라에 들어가려면

본문에는 가장 중요한 '거듭남' 에 대해 나옵니다. 지식적인 이해도 필요하지만 믿음으로 받아들이는 것 또한 중요합니다. 영으로 태어난 사람의 두드러진 특징은 성령의 지배를 받고 산다는 데 있습니다. 성령의 지배를 받는다는 것은 자아, 특히 죄성을 죽이는 것으로 나타납니다. 이 부분에 대해서는 바른 점검과 정립, 그리고 기도가 필요합니다.

5과. 증거자 세례 요한과 예수 그리스도

세례 요한은 예수님을 신랑으로, 자신은 그 신랑의 친구로 비유함으로써(29절) 새롭게 도래하는 예수 시대의 특징을 잘 보여 줍니다. 앞 단락을 보강하는 본 구절은 세례 요한의 말(27-30절)이라기 보다는 사도 요한의 해설이라고 보는 것이 좋을 듯 합니다. 즉 앞에서는 세례 요한이 자신의 임무를 중점으로 설명했지만 여기서는 사도 요한이 하나님의 아들이신 그리스도를 주제로 이를 해설하고 있습니다.

6과. 생명수 되신 예수 그리스도

당시의 시대적인 배경으로 볼 때 유대인들은 사마리아를 부정한 곳으로 간주하고 그곳을 지나지도 않았고 그곳 사람들과 대면하지도 않았습니다. B.C. 722년에 북이스라엘을 점령한 앗수르는 사마리아 지역에 이방 포로들을 거주시켜 유대 인종을 잡종화 시켰을 뿐만 아니라 혼합종교를 만들었습니다. 이로 인해 선민 의식과 혈통에 매우 민감했던 유대인들은 사마리아인들을 '개같이' 취급했던 것입니다.

7과. 신하의 아들을 고치신 예수님

본문은 예수님의 가나에서의 두 번째 이적인 동시에 본격적인 갈릴리 사역의 개막을 알리는 기록입니다. 신하의 아들의 치유 사건은 주를 불신하는 갈릴리 사람들에게 주를 믿는 자들이 받는 성경의 축복을 보여 주시기 위해 행하신 표적(48절)이었습니다. 즉 이는 예수님이 인간의 생명을 구원하는 생명의 주 되심과 동시에 권능의 주이시며, 신하와 같이 이를 믿는 자에게는 죽음 중에서도 살아나는 생명의 축복을 받게 됨을 보여 주는 것입니다(51-53절).

8과. 네 자리를 들고 걸어가라

공관복음에는 예루살렘에서 일어난 본문의 사건이 생략되어 있습니다. 그리고 이때는 앞 문단의 사건이 일어난 후 몇 개월의 기간이 지났음을 짐작할 수 있습니다. 왜냐하면 예수님께서 명절 이후에 갈릴리에 오셨다가(4:45), 다시 명절이 되어 예루살렘으로 가셨을 때에 이 사건이 벌어졌기 때문입니다(1절). 이러한 사실들에서 볼 때 요한은 최소한 2-3개월 간의 이야기를 생략하고 있습니다. 이는 예수님이 인간을 구원하시기 위해 오신 하나님의 아들이심을 나타내려는 사도 요한의 집필 의도와, 예수님의 예루살렘 사역 중심으로 기록한 본서의 특징 때문입니다.

9과. 생명의 떡이신 예수 그리스도

6장은 그리스도를 '생명의 떡' 으로 증거하고 있습니다. 이것은 요한복음의 특징 중 하나인 "나는 … 이다."라고 일곱 번 선언하고 있는 선언 중의 첫 번째 선언입니다. 또한 물위를 걸으신 표적을 마태복음에 나타난 병행구절을 통해 살펴보면 "배에 있는 사람들이 예수께 절하며 가로되 진실로 하나님의 아들이로소이다"(마 14:33)라고 고백하는 것을 볼 때 제자들의 영적 성숙을 위한 그들의 표적이었음을 알 수 있습니다.

10과. 너희도 가려느냐?

요한복음은 공관복음과는 달리 주님의 행하신 일들을 기사와 이적이라 하지 않고 '표적' 이란 말로 많이 사용하고 있는 것을 볼 수 있습니다. 그 이유는 주님께서 행하시는 기사와 이적이 하나님의 아들이신 그리스도를 나타내는 표적임을 증거 하려는 데 그 목적이 있습니다.

11과. 내게로 와서 마셔라

7장은 초막절을 무대로 전개되고 있습니다. 초막절은 당시 그들의 조상들이 광야 생활을 하며 고생하던 것을 잊지 않기 위해 일주일 동안 초막에 거하던 행사입니다. 시기적으로는 농산물의 추수를 끝마친 때로 명절 가운데 하나였습니다.

12과. 너는 나를 누구라 하느냐?

요한복음은 각 장마다 앞 부분에서는 구체적인 사건을 제시하고, 뒷부분에서 진리를 개설하는 방법을 취하고 있습니다. 8장을 관찰하다 보면, 간음한 여인과 유대인의 대조, 그리고 돌로 치라한 모세의 율법과 "너를 정죄하지 아니하노니"(11절)라고 하신 예수님의 은혜가 서로 대립되는 것을 볼 수 있습니다.

13과. 그를 어떠한 사람이라 하느냐?

9장과 8장은 같은 구도를 이루고 있습니다. 8장은 "이 여자가 간음하다가 현장에서 잡혔나이다"(4절)라고 죄를 고발하면서 시작하고, 9장은 "이 사람이 소경으로 난 것이 뉘 죄로 인함이오니까"(2절)라는 죄 문제를 제기함으로 시작합니다. 그리고 8장에서 돌로 치려던 자들이 도리어 죄의 종이요 사단의 자식임이 드러남 같이, 9장에서도 죄인 취급을 하던 바리새인들이 도리어 영적 소경임이 드러납니다.

14과. 선한 목자이신 예수

예수님은 목자를 통하지 않고서는 아무도 양 우리를 출입할 수 없었던 당시 팔레스틴의 낯익은 양 우리와 목자의 역할을 들어 '나는… 이다.' 라고 선언하셨습니다. 이렇듯 예수님은 당시 백성들과 더 나아가서는 오늘날의 우리가 구원의 진리를 잘 이해할 수 있도록 실생활 속의 관습을 비유로 사용하셨습니다.

15과. 수전절에 배척 당하신 예수

수전절이란 신 · 구약 중간시대(B.C. 164년)에 수리아의 안티오쿠스 에피파네스가 이방신 제사로 더럽혔던 예루살렘 성전을 유다 마카비가 청결케 한 사건을 기념하는 유대인들의 명절입니다. 유대인들은 예수님을 에워싼 채 과연 그가 메시야인지 분명히 밝히라고 요구합니다. 그들의 요구는 예수님께서 거듭 자신이 하나님의 아들이자 메시야임을 증거하셨음에도 불구하고 도무지 깨닫지 못하는 영적 무지의 소산이었습니다.

16과. 나사로의 죽음

본 장은 예수님께서 본래 제2위 성자 하나님으로서 절대 신성을 가지신 존재였으나 하나님께서 태초부터 세우신 구속의 법에 따라 우리의 죄를 대속하시기 위해 사람의 모습으로 오신 그리스도이심을 입증함으로써 결국 예수님의 그리스도직과 예수님 안에서의 우리의 구원의 절대성을 확증하기 위해 기록된 요한복음의 전반부입니다. 예수님의 공생애 기간 중의 여러 사건 가운데에서도 이상의 사실을 잘 입증하는 여러 자료들, 즉 예수님과 연관된 사람들의 증언들과 예수님 자신이 행한 표적들, 그리고 자기 계시를 제시하는 일련의 기사들의 연속부분입니다.

17과. 마르다와 예수님과의 대화

예수님께서는 나사로가 죽은 지 4일 후에 베다니에 도착하셨습니다(17절). 본문은 그동안 예수님의 도착을 기다리다가 오라비 나사로의 죽음을 맞이하고 장사까지 마친 마르다와 마리아가 뒤늦게서야 도착하신 예수님과 대화하는 내용으로써 우리에게 중요한 교훈을 전달해 주고 있습니다. 오늘 본문에서 우리는 마르다가 예수님이 세상을 구원하실 하나님의 아들이신 그리스도시라는 사실을 믿고 고백하는 것을 볼 수 있습니다(27절). 이에 예수님께서는 부활이요 생명이신 자신을 믿는 자는 죽음을 이기고 영생할 수 있다는 사실을 교훈하심으로써 마르다의 신앙을 온전케 하셨습니다.

18과. 나사로를 살리신 예수

당시 사람들은 사망 시 보통 동굴에 매장되었습니다. 원반 모양의 돌로 홈을 따라 굴려서 무덤을 막아 짐승과 자연과 때로는 강도로부터 시체를 보호하였습니다. 시체는 천으로 싸서 무덤의 작은 방에 있는 마루 위에 놓았습니다. 일 년 후 살이 썩어 떨어진 후에야 가족들이 다시 와서 뼈를 모아 상자에 넣고 그것을 벽에 있는 길쭉한 홈에 끼워 넣었습니다. 나사로의 시체는 한창 부패되는 중이었습니다. 겨울이 아니었기 때문에 악취는 더욱 심했습니다(요 11:39). 그리고 죽은 사람은 긴 천 조각으로 싸서 전혀 움직일 수가 없었습니다. 살아 있는 사람이라도 걷기가 어려웠을 것이므로 이 사건은 기적에 의한 것임을 확실히 증명하고 있습니다.

19과. 공회의 살해 모의와 예수의 피신

공회는 유대인의 최고 의결 기구로 아마도 여기서는 이스라엘의 최고 법원 혹은 그 대표들을 언급하는 듯 합니다. 이들은 경건한 종교 선생이라고 소문난 예수님이 율법에서 요구하는 대로 명절 때에 반드시 성전에 나타날 것이라고 생각했습니다. 특히 인접한 곳인 갈릴리에 계셨기 때문에 더욱 그렇게 생각했습니다.

20과. 마리아의 향유 부음

한 근은 약 12온스 정도로, 향유병에는 보통 1온스 이하만 담겨 있었습니다. 마리아는 여기서 엄청난 양의 향유를 쓰고 있습니다. 중요한 손님의 머리에 기름을 붓는 것은 이스라엘의 관례였으나 주인은 손님의 발에 물을 제공할 뿐이었습니다. 그러나 마리아는 예수님의 머리에서 발끝까지 이 향유를 부었던 것입니다.

21과. 승리의 예루살렘 입성

이미 예루살렘에 있던 사람들은 의례적으로 명절에 오는 순례자들을 환영했으며 길에 나뭇가지를 뿌려 놓았습니다. 종려나무 가지는 초막절에 사용되었으나 여리고에서 가져와야만 했습니다. 그것은 마카비 시대로부터 내려온 유대의 민족적 상징 중 하나였습니다. 이것이 아마도 정치적 메시야에 대한 희망을 불러 일으켰을 것입니다. "호산나"란 '오 구원하소서!' 라는 의미입니다.

22과. 빛의 아들이 되리라

여기에 등장하는 헬라인들은 그 신분이 확실하지 않습니다. 단지 기사 내에서 짤막히 언급하고 있을 뿐입니다. 그러나 그들은 헬라파 유대인들은 아닌 것 같고 이방 헬라인들로 보여집니다. 그들은 유대인 순례객 속에 끼어있던 유대인들의 신앙에 깊은 관심을 가진 자로 보여지나 완전히 돌아선 개종자는 아닌 것 같습니다.

23과 진리를 보지 못할 때

여기에서는 지금까지의 중요한 기사에 대해 설명하고 있습니다. 신앙과 불신앙의 갈등에 촛점이 맞추어져 있고, 이에 대해 결단을 촉구하는 예수님의 마지막 호소가 포함되어 있습니다. 영적인 위기는 개인의 결단을 통하여 극복되어진다는 진리를 가르쳐 주고 있습니다.

쉽게 편찬된 구역 및 대학 · 청년부
G.B.S.용 교재

쉬운 요한복음 I

지은이 | 프리셉트성경연구원 편

초판 1쇄 | 2003년 2월 25일
개정 1판 1쇄 | 2012년 3월 28일
개정 2판 1쇄 | 2018년 4월 24일
개정 2판 2쇄 | 2023년 1월 1일

발행인 | 김경섭
국제총무 | 최복순
총무 | 김현욱
협동총무 | 김상현
편집부 | 고유영(편집실장), 허윤희, 박은실, 김성경
사역부 | 윤귀순(재무실장), 홍윤정(세미나팀장)
인쇄 | 영진문원

발행처 | 묵상하는사람들
등록번호 | 20-333
일부총판 | 생명의말씀사 Tel. (02) 3159-7979 Fax. 080-022-8585

주소 | 서울특별시 서초구 청룡마을길 8-1(신원동) (우) 06802
전화 | (02) 588-2218 팩스 | (02) 588-2268
홈페이지 | www.precept.or.kr
국민은행 772-21-0310-382(김경섭)

값 5,000원
ISBN 978-89-8475-733-2 04230
978-89-8475-708-0 04230(세트)

독자 여러분의 의견을 기다립니다.
독자 전화 (02) 588-2218 / pmbook77@naver.com